Les Œuvres Philosophiques

Extraits * commentaire de M. Dixsaut

P L A T O N

RÉPUBLIQUE (LIVRES VI ET VII)

Traduction et Commentaire

par

Monique DIXSAUT

Docteur ès-lettres

BORDAS

I.S.B.N. : 2-04-016652-1; I.S.S.N. 1142-6543.

Avant-propos

Les ouvrages de cette collection ont pour finalité première non pas de permettre aux lecteurs d'apprendre des doctrines philosophiques mais d'apprendre à philosopher.

Cependant philosopher ne consiste pas dans le simple exercice d'une méditation qui ne confronte jamais ses raisons avec celles des autres, mais implique un dialogue avec les grandes œuvres philosophiques : « Il n'y a pas d'autre méthode de penser que de lire les penseurs » (Alain, *Les Idées et les Ages*).

Il faut donc lire les philosophes eux-mêmes, comme le demandent les programmes du baccalauréat ou des concours d'entrée aux grandes écoles littéraires, scientifiques ou commerciales. Mais il faut les lire comme des philosophes, c'est-à-dire en philosophant soi-même : identifier leurs thèses, saisir leur articulation, analyser leur argumentation, apprécier leur portée, se mettre, à leur égard, en situation de dialogue et de réflexion critiques. C'est le rôle du commentaire, des notes et de l'index des notions qui accompagnent chaque texte, d'aider l'apprenti-philosophe à mener une lecture effective, à discuter avec rigueur, et à produire l'explication qu'on attend de lui dans les examens et les concours.

Table des matières

Traduction

Platon
République
Livres VI (504) — VII

AVIS DU TRADUCTEUR

Les numéros et les lettres figurant en marge de notre traduction renvoient respectivement aux pages et aux paragraphes de l'édition par Henri Estienne, au XVIe siècle, des Dialogues de Platon. Cette pagination est communément usitée pour les références.

Nous avons traduit, à quelques variantes près, le texte grec établi par E. Chambry dans l'Édition des Belles-Lettres (coll. G. Budé).

Les intertitres sont de nous, et visent à souligner les articulations principales. Par ailleurs, nous avons pris la liberté d'omettre un certain nombre de « dis-je » et « dit-il » qui ponctuent légèrement le grec mais sont plus lourds en français. Les répliques des interlocuteurs de Socrate sont imprimées en italique.

LIVRE VI (504a)

Interlocuteurs : Socrate, Adimante, puis Glaucon.

• ***Position du problème.***

Socrate — Tu as sans doute en mémoire que la
504 a distinction de trois aspects en l'âme nous avait permis
d'expliciter ce qu'étaient la justice, la tempérance, le
courage et la sagesse. *Adimante — Si je ne m'en souvenais
pas, il ne serait pas juste que j'écoute ce qui reste à
dire. (S)* — Et ce que nous avions dit auparavant ? (A)
b — *Quoi ?* — Nous avons dit, il me semble, que pour
discerner ces réalités de la plus belle façon possible, il
existait un autre chemin, plus long, et qu'elles devien-
draient évidentes à celui qui aurait parcouru ce chemin ;
mais aussi que nous avions la possibilité de conclure nos
démonstrations en les appuyant simplement sur ce qui
venait d'être dit. Vous avez affirmé que cela suffisait.
Aussi les propos tenus alors me semblent-ils, quant à
moi, manquer d'exactitude. S'ils vous ont néanmoins
satisfaits, dites-le. — *Eh bien, pour moi, c'était juste
c dans la bonne mesure, et les autres pensaient de même.*
— Mais, mon ami, quand il s'agit de choses de cette
importance, la mesure qui laisse de côté quoi que ce soit
de la réalité ne peut certainement pas être prise comme
mesure. Car rien d'incomplet n'est la mesure de rien.
Cependant, certains sont parfois d'avis que cela est déjà
bien suffisant, et qu'il ne faut pas chercher plus loin.
— *Il y en a en effet beaucoup qui tolèrent ce genre
d'explication par paresse d'esprit.* — Ce genre de tolé-
rance, à mon sens, est ce dont un gardien de la cité et
d des lois n'a que faire. — *C'est vraisemblable.* — Il lui
faut donc parcourir le plus long chemin, et ne pas fournir
moins d'effort pour apprendre que pour exercer son
corps. Autrement, comme nous venons de le dire, il
n'arrivera jamais au terme de l'étude qui à la fois est la
plus haute et lui convient en propre. — *Nous n'avons
donc pas dit le plus important ? Et il resterait encore*

quelque chose de plus important que la justice et que tout ce dont nous avons parlé ? — De bien plus important ; et pour ce que nous venons de dire, il ne faut pas nous arrêter à considérer la simple esquisse, comme nous venons de le faire, en négligeant d'en parachever l'exécution. De plus, il serait vraiment ridicule de tout mettre en œuvre pour tenter de conférer l'exactitude et la pureté de trait les plus grandes à des choses peu importantes, alors qu'on ne jugerait pas les choses plus importantes dignes de l'exactitude la plus parfaite. — *Tu as tout à fait raison. Au demeurant, est-ce que tu t'imagines qu'on te laissera aller sans t'interroger sur ce qu'est cette connaissance la plus haute, et sur son objet ?* — Pas du tout, et interroge-moi si tu veux. Mais il est sûr que tu m'as déjà entendu sur ce sujet, et plus d'une fois. Maintenant, ou cela t'est
sorti de l'esprit, ou tu as dans l'esprit de m'embarrasser 505 a
par tes objections. Je penche pour cette dernière supposition, car bien des fois tu m'as entendu dire que l'Idée du Bien est la connaissance la plus haute, et que c'est grâce à elle que ce qui est juste et tout ce qui est de même ordre devient utile et avantageux. A présent, tu te doutes bien que c'est ce que je m'apprête à dire, en ajoutant que nous ne connaissons pas suffisamment cette Idée. Si cette connaissance nous manque, quand bien même nous aurions le savoir le plus parfait de tout le reste, elle exceptée, tu sais que rien ne nous sera utile ; et il en va
de même pour la possession de quoi que ce soit dont le b
Bien serait excepté. Ou bien t'imagines-tu qu'il puisse y avoir avantage à posséder quoi que ce soit qui ne soit pas bon, ou à se montrer sensé en toutes choses sans avoir le sens du bien, c'est-à-dire sans avoir aucun sens de ce qui est convenable et bon ? [1] — *Non, par Zeus, je ne le crois pas.*

1. Le terme grec *kalos* est traduit ici, ainsi qu'en 505d, par « convenable ». Rendu habituellement par « beau », ce mot a en grec un sens beaucoup plus étendu, et désigne aussi bien la beauté physique ou celle de l'œuvre d'art, que ce qu'il sied, ce qu'il convient, ce qu'il est opportun de faire (cf. les expressions *eis kalon* : au moment opportun ; *kalos anemos* : un vent favorable).

• ***Les deux préalables.***

— De plus, tu sais au moins ceci : que pour l'opinion du plus grand nombre, le bien c'est le plaisir, alors que que pour les raffinés, c'est le bon sens.[1] — *Certes.* — Or tu sais aussi, mon ami, que ces derniers ne sont pas capables de définir ce qu'est le bon sens, mais qu'ils sont forcés à la fin de dire que c'est le sens du bien, — *Et c'est tout à fait ridicule.* — Comment ne le serait-
c ce pas puisque, commençant par nous reprocher de ne pas savoir ce qu'est le bien, ils nous en parlent ensuite comme si nous le savions ? Car ils affirment qu'il est le sens du bien, comme si nous saisissions ce qu'ils veulent dire dès qu'ils articulent le nom du bien. — *C'est tout à fait vrai.* — Mais qu'en est-il de ceux qui définissent le bien par le plaisir ? Est-ce que par hasard ils divaguent moins que les autres ? Et ne sont-ils pas forcés eux aussi de reconnaître qu'il y a des plaisirs mauvais ? — *C'est*
d *certain.* — A mon avis, il leur arrive donc ceci : ils reconnaissent les mêmes choses comme à la fois bonnes et mauvaises. C'est bien cela ? — *Assurément.* — Dès lors, il est évident qu'il y a sur ce point des controverses nombreuses et violentes ? — *C'est sûr.* — Mais quoi ! N'est-il pas évident que la plupart choisira les apparences du juste et du convenable, et que, même si elles n'ont aucun fondement, c'est elles qu'on choisira de pratiquer, de posséder et de montrer ; alors que, pour les choses bonnes, personne ne se contentera d'en posséder les apparences, mais chacun cherche la réalité, et sur ce point ne fait plus aucun cas de l'apparence ? — *Absolument.* — C'est là ce que toute âme recherche, et ce en vue de quoi elle fait tout ce qu'elle fait. Elle devine que cela

1. Je n'ai pas traduit ici *phronesis* par « pensée » ou « réflexion » (ce qui est le sens proprement platonicien du terme), car Socrate rapporte une thèse qui conserve au mot son sens traditionnel de « jugement sain », discernement correct de ce qu'il convient de faire ou de dire dans une circonstance particulière. Pris en ce sens, objecte Platon, le terme inclut en lui-même l'idée d'une norme, et la définition comprend alors la notion à définir. C'est ce que m'a paru rendre manifeste la traduction par « bon sens ».

existe, tout en étant embarrassée et impuissante à saisir
suffisamment ce que cela peut bien être, impuissante aussi
à se former là-dessus une conviction aussi assurée qu'à
propos des autres objets (c'est d'ailleurs pour cette raison
qu'elle laisse échapper tout ce que ces objets pourraient
comporter d'utile). Dirons-nous que ceux qui sont les
meilleurs dans la cité, et aux mains desquels nous allons
tout remettre, doivent rester ainsi dans l'obscurité à
propos d'un objet d'une telle nature et d'une telle 506 a
importance ? — *Certainement pas.* — Je pense donc au
moins que, tant qu'on ignorera comment le juste et le
convenable peuvent être bons, peu importe qu'on leur
donne un gardien, s'il ne sait pas quel rapport ils
entretiennent avec le bien. Et je pressens que personne
ne les connaîtra suffisamment avant de connaître ce
rapport. — *Tu as raison.* — Notre régime politique sera
donc parfaitement ordonné quand il aura, pour veiller b
sur lui, un gardien possédant la science de ces choses.
— *Nécessairement. Mais toi, Socrate, quel parti prends-
tu ? Le bien est-il la science, le plaisir, ou autre chose
encore ?* — Je te reconnais bien là ! Il m'était parfaite-
ment évident depuis longtemps que tu ne te contenterais
pas là-dessus de l'opinion des autres. — *Il ne me paraît
pas juste en effet, Socrate, qu'un homme qui travaille
ces questions depuis si longtemps soit capable de présenter
les doctrines d'autrui sans dire ce qu'il pense lui-même.* c
— Mais alors te paraît-il juste de parler de ce qu'on ne
sait pas comme si l'on en avait un savoir ? — *Comme si
l'on en avait un savoir, certainement pas, mais comme
un homme qui, s'étant formé une opinion, accepte de
dire ce qu'il croit.* — C'est donc que les opinions qui
sont privées de savoir, tu ne les considères pas toutes
comme méprisables ? Pourtant les meilleures d'entre elles
sont aveugles, ou juges-tu qu'il y a quelque différence
entre des aveugles cheminant sur la bonne route et ceux
qui ont une opinion vraie sur quelque chose sans en avoir
l'intelligence ? — *Aucune.* — Veux-tu donc regarder des

choses méprisables, aveugles et tordues, alors que d'autres
d hommes pourraient te parler brillamment et te ravir ?
— *Au nom de Zeus, Socrate,* s'écria Glaucon, *ne t'arrête
pas comme si tu étais parvenu au terme ! Il nous suffira
en effet que tu t'expliques au sujet du bien en employant
la même méthode que tu as utilisée à propos de la justice,
de la tempérance, et des autres vertus.* — Et à moi aussi,
mon cher, cela me suffira tout à fait. Mais j'ai bien peur
de ne pas en être capable et de devenir objet de risée,
dans mon élan maladroit. Laissons donc là pour l'instant
la recherche de ce que peut être le bien en soi car, à ce
qu'il me semble, l'élan qui est à présent le nôtre ne peut
nous porter pour le moment jusqu'à l'opinion que j'ai
de lui. Mais je veux bien vous dire quel me paraît être le
rejeton du Bien, ce qui lui est le plus semblable, si vous
le désirez ; sinon, adieu ! *Glaucon. — Allons, parle, tu
rembourseras le principal de ta dette une autre fois, en
507 a *racontant l'histoire du père.* — Je voudrais bien que
nous fussions capables un jour, moi de vous rembourser
et vous d'encaisser ce dû, au lieu comme à présent de
nous en tenir aux intérêts. Encaissez-donc ce produit, ce
rejeton du bien en soi, mais prenez garde que je ne vous
trompe involontairement en vous remboursant, au cas où
j'aurais commis une erreur en calculant ce rapport [1].
— *Nous y prendrons garde autant que nous le pourrons.
Et maintenant, parle.* — Pas avant que je ne vous aie
remis en mémoire ce qui a été dit ici précédemment, et à
maintes reprises en d'autres occasions, et que nous n'en
b tombions d'accord. — *Qu'est-ce donc déjà ?* — Nous
affirmons qu'il existe, et nous distinguons au moyen du
langage, une multiplicité de belles choses, une multiplicité
de biens, et ainsi en chaque cas. — *Nous l'affirmons.*
— Nous affirmons aussi qu'il existe un Beau en soi, un
Bien en soi, et qu'il en va de même pour toutes les choses

1. Le mot grec *tokos* signifie à la fois « rejeton » et « intérêts ». Platon joue sur les mots : Socrate peut se tromper à la fois en calculant les intérêts de ce qu'il doit, et en appréciant le rapport entre le bien et son rejeton.

que nous venons de poser comme multiples. En référant
celles-ci à l'unité qu'elles présentent quand on les pense,
nous posons à présent au contraire chacune de ces réalités
dans son unicité et nous l'appelons « ce que cela est ».
— *C'est cela.* — Et des choses nous affirmons qu'elles
sont vues et non pensées ; des unités pensées (Idées) c
qu'elles sont pensées mais non pas vues. — *Tout à fait.*

• ***Les trois images.***

— Qu'est-ce qui en nous est à même de voir ce qui est
visible ? — *La vue.* — Et c'est donc aussi par l'ouïe
qu'on entend ce qui est audible, et par les autres sens
qu'on saisit tout ce qui est sensible ? — *A coup sûr.*
— Or as-tu considéré combien celui qui a fabriqué les
organes des sens s'est mis beaucoup plus en frais pour la
faculté de voir et d'être vu ? — *Pas du tout.* — Alors
examine ceci : l'ouïe et la voix requièrent-elles en plus
quelque chose d'un autre genre qui permette à l'une
d'entendre et à l'autre d'être entendue, de sorte que, en
l'absence de ce troisième terme, l'une n'entendra pas et d
l'autre ne sera pas entendue ? — *Rien de ce genre.* — Et
à mon avis du moins, il n'y a pas beaucoup d'autres
facultés, autant dire aucune, pour avoir besoin d'un terme
de ce genre. A moins que tu ne puisses m'en citer une ?
— *Pas moi !* — Et ne comprends-tu pas que la vue et le
visible ont besoin de ce troisième terme ? — *Comment ?*
— La vue a beau être dans les yeux, celui qui la possède
a beau s'efforcer de s'en servir, et la couleur a beau être
présente, toutes les fois que ce troisième genre qui est
naturellement propre à cette fin vient à manquer, tu sais e
bien que la vue ne verra rien, et que les couleurs seront
invisibles. — *De quoi parles-tu ?* — De cela même que
toi tu nommes « lumière ». — *C'est vrai.* — La sensation
de voir et la faculté d'être vu sont donc liées entre elles
par un lien dont la valeur l'emporte sur toutes les autres
espèces de liaison, et qui, en comparaison, n'est certes
pas une réalité de petite importance, si toutefois ce n'est 508 a

pas une chose sans valeur que la lumière. — *Il s'en faut
de beaucoup.* — Quel est parmi les dieux du ciel celui
que tu reconnais comme son maître et sa cause, et dont
la lumière fait que notre vue voit le plus parfaitement
possible, et que les choses visibles sont vues ? — *Celui-
là même que toi et que tout le monde considère ainsi ;
c'est évidemment du soleil que tu parles.* — La vue n'a-
t-elle pas avec ce dieu un rapport naturel ? — *Comment
cela ?* — La vue n'est pas le soleil, ni la vue elle-même,
b ni la partie en laquelle elle prend naissance et que nous
appelons l'œil. — *Non, en effet.* — Mais c'est, je pense,
de tous nos organes des sens celui qui ressemble le plus
au soleil par sa forme ? — *De beaucoup.* — Et la
puissance dont il dispose, ne la possède-t-il pas parce
qu'il la tire de cette inépuisable réserve, comme si un flux
coulait en lui sans cesse ? — *Tout à fait.* — N'est-il pas
vrai que le soleil, qui n'est pas la vue mais qui en est la
cause, est aussi vu par elle ? — *C'est bien cela.* — Eh
bien, affirme avec moi que c'est lui que je dis être le
rejeton du Bien, que le Bien a engendré comme son
c analogue : ce que le Bien est dans le lieu intelligible par
rapport à l'intelligence et aux intelligibles, le soleil l'est
exactement, dans le lieu visible, à la vue et aux objets
visibles. — *Comment ? Explique-moi encore.* — Chaque
fois qu'ils regardent des objets dont les couleurs ne sont
plus éclairées par la lumière du jour mais par les clartés
obscures de la nuit, les yeux, tu le sais bien, faiblissent et
ressemblent presque à des yeux d'aveugle, comme si la
vue ne leur était plus présente dans sa pureté. — *Tout à
fait.* — Au contraire, quand ils se tournent vers des
d objets sur lesquels le soleil déverse sa lumière, ils voient
clairement, et la présence de la vue dans ces mêmes yeux
est manifeste. — *Assurément.* — Conçois de la même
façon la vision de l'âme : quand la vérité et l'être déversent
leur lumière sur un objet et que c'est sur lui que cette
vision se pose, elle en a compréhension et connaissance,
il devient alors évident qu'elle possède une intelligence ;

mais quand elle se tourne vers ce qui est mélangé
d'obscurité, vers ce qui naît et ce qui périt, elle est
seulement capable d'opinion, sa faculté faiblit, elle passe
sans arrêt d'une opinion à l'autre et semble dépourvue
d'intelligence. — *On le dirait, en effet.* — Or ce qui
procure la vérité aux objets de connaissance et qui confère e
au sujet connaissant sa puissance, affirme que c'est l'Idée
du Bien. Réfléchis qu'elle est la cause du savoir et de
la vérité en tant que cette dernière donne prise à la
connaissance ; mais, si belles que soient toutes deux la
connaissance et la vérité, tu jugeras correctement si tu
juges qu'il y a autre chose d'encore plus beau qu'elles.
De même que dans le lieu visible il était correct d'attribuer
à la lumière et à la vue une parenté de forme avec le 509 a
soleil mais incorrect de les identifier au soleil, de même,
dans le lieu intelligible, il est correct d'attribuer à la
science et à la vérité une parenté de forme avec le Bien,
mais incorrect d'identifier l'une ou l'autre au Bien. Car
il faut accorder encore plus de valeur à la manière
d'être propre du Bien. — *Tu parles là d'une beauté
incomparable, s'il est vrai que le Bien dispense la science
et la vérité et qu'il les surpasse encore en beauté.
Naturellement, pour ta part, ce n'est pas le plaisir que tu
entends par là.* — Veux-tu te taire ! Continue plutôt à
examiner l'image du Bien de la façon que voici. — *De
quelle façon ?* — Je pense que tu conviendras que le b
soleil non seulement confère aux choses visibles la capacité
d'être vues mais encore qu'il leur procure devenir, crois-
sance et nourriture, bien qu'il ne soit pas lui-même
devenir. — *Comment pourrait-il l'être ?* — Eh bien, pour
les objets connaissables aussi, affirme avec moi non
seulement que leur vient du Bien le fait d'être connus,
mais aussi que c'est grâce à lui qu'ils ont en plus être et
essence, quoique le Bien ne soit pas essence mais que,
par-delà l'essence, il la surpasse encore en dignité et en
puissance. — Alors Glaucon, jouant l'ahurissement : c
Par le Dieu du soleil, dit-il, *on atteint des hauteurs*

fantastiques ! — C'est ta faute, tu m'as contraint à dire comment la chose m'apparaît. — *En tout cas, ne t'arrête surtout pas, et reprends au moins en détail la comparaison avec le soleil, si tu y as omis quelque chose.* — Assurément, il y manque beaucoup de choses. — *Eh bien n'omets pas le plus petit détail.* — Je pense pourtant que j'en omettrai beaucoup malgré tout, mais autant que cela est possible à présent, je ne laisserai rien volontairement
d de côté. — *Surtout pas.* — Comprends donc que, comme nous le disons, il existe ces deux êtres ; l'un règne sur le genre et le lieu intelligibles, l'autre sur le globe de l'œil — pour ne pas dire notre globe, car tu m'accuserais de jouer sur les mots [1]. Tu tiens donc bien ces deux aspects, le visible, l'intelligible ? — *Oui.* — Alors compare-les à présent à une ligne qu'on a sectionnée en deux segments inégaux ; sectionne à nouveau chaque segment selon la même proportion (celle qui avait permis d'obtenir un segment pour le genre visible, l'autre pour le genre intelligible). En raison du degré de clarté et d'obscurité relatives, tu auras comme première section dans le monde
e visible les images. J'entends par images d'abord les
510 a ombres, ensuite les reflets qui se composent à la surface de l'eau et de tous les corps compacts, lisses et brillants, et toute réalité de même sorte, si tu comprends ce que je veux dire. — *Je comprends.* — Pose à présent la deuxième section, celle dont la première est l'image : elle comprend les vivants qui nous entourent, et tout ce qui pousse, et le genre complet des objets fabriqués. — *Je la pose.* — En ce cas es-tu disposé à admettre que, lorsqu'on divise selon la vérité ou son absence, on a la proportion suivante : ce que l'opinable est au connaissable, l'image
b l'est à ce dont elle est l'image ? — *J'y suis tout disposé.* — Examine maintenant de quelle façon on doit couper

1. Le soleil règne sur le visible (*horaton*) et il est le roi du ciel (*ouranos*). Socrate veut éviter d'être accusé de faire ce que font les savants étymologistes de son temps : dériver *ouranos* du verbe « voir » (*horan*) : cf. Cratyle 396 b. Nous avons essayé de rendre ce mauvais jeu de mots. Voir 396 b. *Cratyle*.

aussi la partie intelligible. — *Comment ?* — Ainsi : dans
l'une des sections, l'âme est contrainte au cours de sa
recherche d'utiliser comme autant d'images les originaux
de la section précédente, procédant à partir d'hypothèses
non pour remonter à un principe mais pour aboutir à
une conclusion. Dans l'autre section en revanche, l'âme,
allant d'une hypothèse jusqu'à un principe anhypothétique
sans se servir d'images comme elle le faisait dans la
section précédente, se fraie un chemin à travers les Formes
à l'aide des seules Formes. — *Je ne comprends pas*
suffisamment ce que tu veux dire. — Eh bien, recommen- c
çons. Tu comprendras en effet plus facilement quand je
t'aurai d'abord expliqué ceci : tu sais, je pense, que ceux
qui s'occupent de géométrie, de calcul et de sujets de cet
ordre posent par hypothèse l'impair et le pair, les figures
géométriques, les trois espèces d'angles et toutes les choses
apparentées à celles-ci selon la discipline concernée. Posant
ces hypothèses comme s'ils en avaient un savoir, ils
opèrent à partir d'elles et ne jugent plus nécessaire d'en
chercher le fondement dans une discussion avec eux-
mêmes ni avec d'autres, comme si elles étaient évidentes
pour tous ; les prenant pour point de départ, ils parcourent
alors le reste de leur recherche pour, en restant cohérents
avec eux-mêmes, finir par démontrer la proposition qu'ils d
s'étaient donné au départ comme tâche d'examiner.
— *Certainement, cela au moins je le sais.* — Alors tu
dois savoir aussi qu'ils se servent de formes visibles et
que, à propos de ces formes, ils élaborent des raisonne-
ments, bien que ce ne soit pas sur ces formes visibles
qu'ils raisonnent mais sur ce dont ces formes visibles sont
les images ; lorsqu'ils raisonnent, c'est en visant le Carré
en soi, la Diagonale en soi et non pas la diagonale qu'ils
tracent, et il en va de même de tout le reste. Tout ce
qu'ils façonnent et qu'ils tracent et dont il y a à la fois
ombre et reflet à la surface des eaux, ils s'en servent à e
leur tour comme si c'étaient des images, quand ils
cherchent à voir les réalités qu'on ne peut saisir autrement

que par la raison. — *C'est vrai.* — En cela consiste donc
511 a le premier aspect de l'intelligible dont je te parlais ; en
lui l'âme est contrainte d'user d'hypothèses pour conduire
sa recherche, elle ne remonte pas jusqu'au principe, car
elle est impuissante à dépasser le niveau des hypothèses.
Enfin elle se sert des originaux, dont les réalités inférieures
étaient les images, comme si c'étaient à leur tour des
images (car par comparaison avec leurs reflets, elle juge
b ces objets plus clairs et les estime en conséquence). — *Je
comprends : tu parles de la géométrie et de tous les arts
qui lui sont parents.* — Alors comprends maintenant que
j'entends par l'autre section de l'intelligible celle que le
discours seul, grâce à sa puissance dialectique, peut
atteindre, traitant ses hypothèses non pas comme des
principes mais réellement comme des hypothèses, c'est-à-
dire comme des points d'appui permettant de s'élancer
afin d'aller, dans la direction de ce qui n'est plus
hypothétique, jusqu'au principe du tout ; l'ayant saisi, le
discours, dans une démarche inverse de la précédente,
s'appuie sur ce qui découle de ce principe et redescend
ainsi jusqu'à la conclusion sans faire d'aucune façon
usage de rien de sensible, mais, en se servant des seules
c Formes pour circuler à travers les Formes, c'est finalement
à des Formes qu'il aboutit. — *Je comprends, mais peut-
être pas suffisamment, car il me semble que tu parles
d'une énorme tâche : à l'évidence tu veux distinguer,
parce qu'elle est plus claire, cette partie de l'être et
de l'intelligible vue par la science dialectique de celle
qu'atteignent ce que nous appelons « connaissances tech-
niques » ; ces dernières font de leurs hypothèses des
principes et, bien que ceux qui les étudient soient con-
traints de se servir de la raison et non pas des sensations,
d cependant, comme ils ne conduisent pas leur recherche
en remontant vers un principe mais seulement en s'ap-
puyant sur des hypothèses, ils te semblent ne pas avoir
véritablement l'intelligence de leurs objets, qui pourtant
sont intelligibles à condition d'être accompagnés de leur*

principe. Et il me semble que ce mode de pensée des géomètres et savants du même genre, tu l'appelles raison et non pas intelligence, car la raison est quelque chose d'intermédiaire entre l'opinion et l'intelligence. — Tu ne pouvais pas mieux comprendre. Et maintenant, pose que relativement à ces quatre sections, quatre états se produisent en l'âme et l'affectent : l'intelligence correpond à la section la plus haute, la raison à la deuxième ; e
accorde la conviction à la troisième et l'illusion à la dernière. Ensuite ordonne-les selon une proportion, en considérant qu'il est donné à ces états de participer à la vérité dans l'exacte mesure où les objets de la section qui leur correspond participent de la clarté. — *Je comprends, j'en suis d'accord, et je les ordonne comme tu le proposes.*

LIVRE VII

(S) — Après cela compare notre nature , sous le rapport 514 a
de l'éducation et de l'absence d'éducation, à un état du
genre de celui que je vais te décrire. Représente-toi ceci :
des hommes vivant dans une demeure souterraine en
forme de caverne ; elle possède une entrée ouverte à la
lumière et s'étendant sur tout la longueur de la caverne.
Ces hommes y séjournent depuis leur enfance, les jambes
et le cou enchaînés, de sorte qu'ils restent là et qu'ils
peuvent seulement voir ce qui est en face d'eux car, étant
enchaînés ils sont impuissants à tourner la tête ; une b
lumière leur est dispensée, celle d'un feu brûlant loin
derrière eux et au-dessus d'eux. Entre le feu et les
prisonniers, représente-toi à une certaine hauteur un
chemin le long duquel un petit mur a été construit,
pareil à ces panneaux que les montreurs de marionnettes
interposent entre eux et les spectateurs, et au-dessus
desquels ils montrent leurs tours prestigieux. *(G) — Je
vois.* — Alors vois aussi, défilant le long de ce petit mur,
des hommes portant toutes sortes d'objets fabriqués qui
dépassent du mur , statues de forme humaine et aussi c
animaux en pierre ou en bois et choses façonnées dans 515 a
toutes les formes possibles ; comme on pouvait s'y
attendre, parmi ces porteurs qui défilent certains parlent
et d'autres se taisent. — *L'étrange image, et les étranges
prisonniers que tu nous présentes là !* — Ils nous sont
semblables. Tout d'abord, crois-tu en effet que de tels
hommes aient vu d'eux-mêmes et les uns des autres autre
chose que les ombres projetées par le feu sur la paroi de
la caverne qui leur fait face ? — *Comment l'auraient-ils
pu, puisqu'ils sont contraints toute leur vie de garder la
tête immobile ?* — Et pour les objets qui défilent ? N'en b

va-t-il pas de même ? — *Bien sûr que si.* — Cela étant,
s'ils étaient capables de dialoguer entre eux, ne crois-tu
pas qu'en donnant un nom à ce qu'ils voient ils penseraient
nommer les réalités elles-mêmes ? — *Nécessairement.*
— Et de plus, s'il y avait dans la prison un écho renvoyé
par la paroi qui leur fait face ? Toutes les fois que l'un
des porteurs se mettrait à parler, à quoi, je te le demande,
pourraient-ils rapporter cette voix si ce n'est à l'ombre
en train de défiler ? — *C'est certainement ce qu'ils
feraient, à mon avis.* — Il est donc certain que des
c hommes dans cette situation ne tiendraient absolument
rien d'autre pour vrai que les ombres des objets fabriqués.
— *Très nécessairement.* — Examine alors ce qui arriverait
s'ils étaient délivrés de leurs chaînes et guéris de leur
égarement. Quelle forme cette délivrance et cette guérison
prendraient-elles, si ce que je vais dire leur arrivait en
vertu de leur naturel ? Chaque fois que l'un d'eux serait
délié et contraint soudainement de se lever, de tourner la
tête, de marcher et de lever son regard vers la lumière, il
souffrirait en accomplissant tous ces actes et, en raison
de la lumière éblouissante, il serait incapable de regarder
d les objets dont il voyait tout à l'heure les ombres. Que
déclarerait-il à ton avis si on lui disait qu'il n'a vu
auparavant que balivernes et que maintenant, plus proche
dans une certaine mesure de la réalité et tourné vers des
choses ayant plus d'être, il a une vision plus correcte
— et en particulier si, lui montrant chacun des objets qui
défilent, on le contraignait par des questions à répondre
sur ce qu'est chacun d'eux ? Ne crois-tu pas qu'il serait
embarrassé et qu'il jugerait que les choses qu'il voyait
tout à l'heure sont plus vraies que les objets qu'on lui
montre à présent ? — *Beaucoup plus vraies, à coup sûr.*
e — Et si on le forçait alors à regarder la lumière elle-
même, ses yeux ne le feraient-ils pas souffrir et ne se
détournerait-il pas pour chercher refuge du côté des choses
qu'il a la force de regarder ? Ne les jugerait-il pas
réellement plus claires que celles qu'on lui montre ?

— *Oui.* — Et si quelqu'un, usant de violence, le tirait de là où il se trouve tout au long de la montée rude et escarpée et ne le lâchait pas avant de l'avoir traîné dehors, à la lumière du soleil, à ton avis ne souffrirait-il pas, ne s'indignerait-il pas d'être ainsi traîné ? Une fois parvenu à la lumière et les yeux remplis de son éclat, ne lui serait-il pas impossible de voir même un seul de ces objets que 516 a
nous disons maintenant véritables ? — *Il ne le pourrait pas, du moins pas tout de suite.* — Une accoutumance, je pense, serait nécessaire pour qu'il soit capable de discerner les objets d'en haut. Ce qu'il discernerait plus facilement, ce serait d'abord les ombres, puis les reflets dans l'eau des hommes et de toutes les autres réalités, enfin les réalités elles-mêmes. A partir de là, en ce qui concerne les corps célestes et le ciel lui-même, il aurait moins de mal à les contempler pendant la nuit, en tournant son regard vers la lumière des astres et de la lune, qu'il n'en aurait à contempler, de jour, le soleil et b
la lumière du soleil. — *Certainement.* — Pour finir, je suppose, il aurait enfin la force de regarder le soleil, non pas reflété dans l'eau ou sur quelque autre surface, mais lui-même en lui-même, en son lieu propre, et il le verrait tel qu'il est. — *Nécessairement.* — Après cela il pourrait, réfléchissant à son propos, conclure que c'est lui qui produit les saisons et les années, lui qui administre tout ce qui existe dans le lieu visible et que, de toutes les choses que les prisonniers voyaient, il est d'une certaine façon la cause. — *Il est évident que c'est là qu'il en* c
viendrait au terme de toutes ces expériences. — Mais alors, s'il venait à se souvenir de sa première demeure et du « savoir » qu'on y avait, et de ceux qui y étaient enchaînés avec lui, ne crois-tu pas qu'il trouverait du bonheur à son propre changement et qu'il prendrait les autres en pitié ? — *Certes.* — Quant aux honneurs et aux louanges qu'ils se distribuaient naguère entre eux, et aux privilèges accordés au prisonnier capable de discerner le plus finement les ombres défilant sur la paroi, doué de la

d meilleure mémoire concernant celles qui passent habituel-
lement les premières, ou à la suite, ou ensemble, et qui,
à partir de ces observations, serait le plus apte à prévoir
ce qui doit arriver, penses-tu que cet homme jugerait ces
honneurs dignes d'envie et qu'il voudrait rivaliser avec
les plus honorés et les plus puissants des prisonniers ?
Ou bien n'éprouverait-il pas ce qu'exprime Homère et ne
préférerait-il pas absolument « n'être qu'un valet de
bœufs en service chez un pauvre fermier[1] », et ne serait-
il pas prêt à supporter n'importe quoi plutôt que de
retomber dans ses anciennes opinions et de vivre à la
façon de là-bas ? — *Moi, du moins, je le crois : il*
e *accepterait de tout subir plutôt que de vivre à la façon*
de là-bas. — Eh bien, réfléchis encore à ceci : suppose
un tel homme redescendu dans la caverne pour s'y asseoir
à nouveau à son ancienne place. N'aurait-il pas les yeux
tout emplis d'obscurité, lui qui viendrait brutalement
de quitter le soleil ? — *Absolument.* — S'il lui fallait
recommencer à énoncer des jugements concernant les
ombres de là-bas et à se mesurer avec ceux qui ont
toujours été enchaînés, et cela dans le moment même où
517 a sa vue est brouillée, avant que ses yeux se soient
accoutumés à l'obscurité (ce qui demande un temps
considérable), ne prêterait-il pas à rire, et ne dirait-on
pas à son sujet qu'en étant monté là-haut il en est revenu
avec la vue gâtée, et que cela ne valait vraiment pas la
peine de seulement tenter cette ascension ? Et celui qui
entreprendrait de libérer les prisonniers et de les conduire
vers le haut, à supposer qu'ils puissent mettre la main
sur lui et le tuer, ne le tueraient-ils pas ? — *Ils le tueront*
certainement. — Cette image, mon cher Glaucon, il faut
b la relier à tout ce que nous avons dit auparavant, et
assimiler le domaine saisissable par la vue au séjour de la
prison, la lumière du feu brillant à l'intérieur à la
puissance du soleil ; pour la montée vers le haut et la

1. Citation de l'*Odyssée* XI, 489. Nous avons repris la traduction de Victor Bérard.

vision de ce qu'il y a en haut, si tu y reconnais la montée de l'âme vers le lieu intelligible, tu ne te tromperas pas, ou en tout cas tu ne te tromperas pas sur mon espérance, puisque c'est cela que tu désires entendre. Bien qu'en vérité un dieu seul puisse savoir si elle risque d'être vraie. Voici ce qui est évident pour moi et de la façon dont c'est évident : dans le lieu du connaissable, à l'extrême limite, il y a l'Idée du Bien qui est difficile à voir, mais quand on l'a vue il faut, après avoir réfléchi, conclure
que c'est elle qui est en chaque cas la cause de toute c
rectitude et de toute beauté ; dans le visible elle est génératrice de la lumière et du maître de la lumière, elle qui règne en maîtresse dans l'intelligible en dispensant vérité et intelligence. C'est elle qu'il faut voir si l'on veut agir raisonnablement soit en privé soit en public. — *Je pense comme toi, du moins dans la mesure où j'en suis capable.* — Alors continuons, et sois encore de mon avis sur ceci : il n'est pas étonnant que ceux qui en sont arrivés à ce point ne consentent pas à s'occuper des affaires des hommes, leurs âmes au contraire s'élancent
sans cesse vers le haut et aspirent à y séjourner. Il est d
normal qu'il en soit ainsi, s'il en va bien comme dans notre précédente allégorie. — *Normal en effet.* — Crois-tu alors qu'il faille s'étonner si celui qui, venant de ces visions divines pour tomber dans des affaires mesquines et trop humaines, ne sait pas se tenir et paraît tout à fait ridicule lorsqu'il est contraint (la vue encore troublée, et avant d'être suffisamment habitué à l'obscurité partout présente) d'entrer en contestation, devant les tribunaux ou ailleurs, au sujet des ombres de ce qui est juste, ou même des figurines qui projettent ces ombres, et de soutenir une discussion sur la manière dont peuvent bien
interpréter tout cela des gens qui jamais n'ont vu la e
justice elle-même ? — *Ce n'est pas le moins du monde*
étonnant. — Mais, pour peu qu'on ait de l'intelligence, 518 a
on se rappellerait qu'il y a, pour les yeux, deux sortes de troubles issus de deux causes distinctes : un trouble

engendré par le passage de la lumière à l'ombre, l'autre
par celui de l'ombre à la lumière. Si l'on comprend que
ces mêmes accidents se produisent aussi pour l'âme, toutes
les fois que l'on en verrait une embarrassée et impuissante
à discerner un objet, au lieu de rire sans réfléchir, on
commencerait par examiner si c'est parce que son manque
d'habitude l'obscurcit au sortir d'une existence plus
b lumineuse ou si, sortant d'une ignorance plus grande pour
aller vers plus de lumière, elle est éblouie par une trop
aveuglante clarté ; dans ces circonstances, on féliciterait
la première du bonheur de sa condition et de son mode
de vie, alors qu'il faudrait plaindre la seconde et, à
supposer qu'on tienne à rire à ses dépens, il serait moins
ridicule de la tourner en ridicule que si on le faisait à
propos de l'âme qui vient d'en haut, de la lumière. — *Tu
donnes bien à chacun ce qui lui revient.* — Si tout cela
est vrai, voici ce que nous devons à présent penser sur le
sujet suivant : l'éducation n'est pas ce que certains, qui
en font profession, affirment qu'elle est. Ils prétendent,
si je ne me trompe, qu'ils peuvent, lorsque le savoir n'est
pas dans une âme, l'y introduire comme on introduirait
c la vue dans des yeux aveugles. — *C'est bien ce qu'ils
affirment.* — Mais ce que notre discours actuel signifie,
c'est que cette puissance est présente en l'âme de chacun,
ainsi que l'organe au moyen duquel chacun peut appren-
dre ; et de même que l'œil ne peut se détourner de
l'obscurité pour saisir la lumière sans que le corps tout
entier n'accompagne son mouvement, de même c'est
accompagné de l'âme tout entière que cet organe doit
opérer sa révolution en se détournant de ce qui devient,
jusqu'à ce que l'âme soit capable de s'orienter vers ce
qui est, vers la partie la plus brillante de l'être, et de
supporter cette vision. Or cela précisément, nous affir-
d mons que c'est le Bien, n'est-ce-pas ? — *Oui.* — Eh bien,
de ce mouvement même, de cette conversion, il y aurait
donc un art, une façon de produire avec le plus de facilité
et d'efficacité possibles ce changement d'orientation ; ce

n'est pas le genre de technique qui consisterait à faire
naître en un organe la faculté de voir, mais l'art capable
de mettre tout en œuvre pour que puisse exercer effective-
ment sa vision un organe qui en a la faculté mais qui
n'est pas tourné comme il faut et qui ne regarde pas là
où il faut. — *C'est vraisemblable en effet.* — Tout ce
que l'on appelle alors vertus de l'âme risque d'être assez
voisin des capacités du corps, car ces vertus n'existent
pas en fait au départ, mais elle sont produites plus e
tard par l'habitude et l'exercice ; la capacité de penser
cependant se trouve, semble-t-il, participer de quelque
chose de beaucoup plus divin, car elle ne perd jamais sa
puissance et, selon l'orientation qu'on lui donne, elle peut
devenir utile et avantageuse ou inversement inutile et
nuisible. Ou bien n'as-tu pas encore réfléchi au cas de 519 a
ceux dont on dit que certes ce sont des coquins mais
qu'ils savent y faire : leur misérable petite âme a le regard
perçant, elle discerne avec perspicacité les choses vers
lesquelles elle est orientée, sa vue n'est donc pas faible
mais contrainte de se mettre au service de sa méchanceté,
de sorte que plus elle a le regard perçant cette âme, plus
elle est ouvrière de mauvaises actions. — *Absolument.*
— Et pourtant, si l'on avait élagué dès la première enfance
une âme présentant un tel naturel, en la débarrassant de
tout ce qui, apparenté au devenir, l'alourdit comme autant b
de masses de plomb, de tout ce qui, se greffant sur elle
au cours du temps par le moyen de la nourriture, des
mets raffinés et des plaisirs de ce genre, tourne vers le
bas la vision de l'âme ; si on l'en avait libérée, si on
l'avait tournée vers les réalités vraies, cette même âme
chez les mêmes hommes verrait ces réalités de la façon la
plus aiguë, comme elle est capable de le faire pour les
choses vers lesquelles elle est à présent tournée. — *C'est
au moins vraisemblable.* — En ce cas, voici qui est tout
aussi vraisemblable et qui découle nécessairement de ce
que nous avons dit : les gens dépourvus d'éducation et
d'expérience de la vérité ne pourront jamais gouverner c

correctement l'État, pas plus que ceux à qui on aura
permis de passer tout leur temps à se cultiver ; les uns
parce qu'ils manquent leur vie durant d'un but unique
auquel ils seraient obligés de rapporter toutes leurs actions
privées et publiques, les autres parce qu'ils ne consentiront
jamais de leur plein gré à agir, persuadés d'être, de leur
vivant, déjà installés dans les Iles des Bienheureux.
— *C'est vrai.* — C'est donc notre tâche à nous, les
fondateurs de l'État, de contraindre les meilleurs naturels
à aller dans la direction de cette étude que nous avons
tout à l'heure déclarée être la plus importante, celle qui
consiste à voir le Bien et à opérer une telle ascension ;
d mais lorsque, une fois en haut, ils le verront complètement,
nous ne devrons plus leur permettre ce qu'on leur permet
aujourd'hui. — *Quoi donc ?* — De rester là et de ne plus
consentir à redescendre chez nos prisonniers ni à prendre
leur part des travaux et des honneurs propres à ces gens-
là, quelle qu'en soit la valeur. — *Mais c'est une injustice
que nous commettrons envers eux, en les faisant vivre
d'une façon pire alors qu'ils seraient capables d'un vie
e *meilleure ?* — Il t'a échappé encore une fois, mon ami,
que la loi n'est pas faite pour assurer un bonheur
exceptionnel à une classe privilégiée de citoyens, mais
qu'elle s'efforce d'assurer le bonheur de la cité tout entière
en établissant une harmonie — tant par la persuasion que
par la contrainte — entre tous les citoyens, en leur
prescrivant d'échanger le genre de service que chaque
520 a classe est capable de rendre à la communauté ; il t'a
échappé que si la loi forme elle-même de tels hommes
dans la cité, ce n'est pas pour laisser chacun tourner son
activité où il lui plaît, mais afin de les utiliser pour
renforcer la cohésion de l'État. — *C'est vrai, cela m'avait
échappé.* — Considère alors, Glaucon, que nous ne
commettrons pas d'injustice envers ceux qui chez nous
seront devenus philosophes, mais qu'au contraire notre
langage sera celui de la justice quand nous les contrain-
drons à prendre soin des autres et à en devenir les

gardiens. Nous leur dirons en effet : « il est naturel que b
dans les autres États les hommes qui sont devenus
philosophes ne prennent pas de part aux travaux qui s'y
déroulent, car ils se sont formés tout seuls et en dépit du
régime politique de chacun de ces États. Or il est juste
que ce qui pousse tout seul et ne doit sa subsistance à
personne ne désire pas payer à quiconque les frais de sa
subsistance. Mais vous, nous vous avons engendrés pour
être à l'égard de vous-mêmes et du reste de la cité ce que
sont les conducteurs et les rois dans les essaims d'abeilles.
Nous vous avons donné une éducation meilleure et plus
achevée que celle de ces autres philosophes dont il était c
tout à l'heure question, et nous vous avons rendus plus
capables de participer à l'un et l'autre mode de vie. Il
vous faut donc chacun à votre tour redescendre dans la
demeure commune, avec les autres, et vous habituer à
regarder ces images obscures car, une fois que vous y
serez habitués, vous y verrez infiniment mieux que ceux
qui résident là-bas, vous reconnaîtrez chacune des images
pour ce qu'elle est et vous saurez de quoi elle est image,
parce que lorsqu'il s'agit de choses belles, justes et bonnes,
vous en aurez vu la réalité vraie. Ainsi, c'est par des
esprits éveillés, les nôtres et les vôtres, que la cité sera
gouvernée et non pas comme en rêve, ce qui est le cas à
présent de la plupart des États où les politiques s'entrebat-
tent pour des ombres et forment des factions pour d
conquérir le pouvoir comme s'il s'agissait d'un grand
bien. Mais voici, je pense, ce qui est vrai : l'État dans
lequel le pouvoir sera exercé par ceux qui ont le moins le
goût du pouvoir est nécessairement l'État qui a le
gouvernement le plus parfait et le moins sujet aux factions,
et ce sera le contraire tant que gouvernent ceux qui sont
le contraire de tels hommes ». — *Parfaitement.* — Crois-
tu alors que nos pupilles seront rebelles à la persuasion
quand ils entendront tout cela, et ne consentiront-ils pas
à prendre leur part de travail dans la cité, chacun à son
tour, tout en passant la plus grande partie de leur vie

entre eux dans un séjour plus pur ? — *Il ne peut en être*
e *autrement, car ce sont des choses justes que nous*
prescrirons à des justes. Ce qui ne fait aucun doute en
tout cas, c'est que chacun d'eux n'ira au pouvoir que par
nécessité, à l'inverse de ceux qui ont à présent le pouvoir
dans chaque État. — Il en va bien ainsi, mon ami. Si tu
peux découvrir pour ceux qui sont appelés à exercer le
512 a pouvoir une vie meilleure que le pouvoir lui-même, alors
tu auras la possibilité pour un État d'être bien gouverné.
Car c'est seulement dans cet État que le pouvoir appartien-
dra à ceux qui sont réellement riches, riches non pas d'or
mais de ce dont il faut être riche pour être heureux, riches
d'une vie bonne et raisonnable. Si au contraire viennent
s'occuper des affaires publiques des hommes qui, dans
leur dénuement, sont avides d'accaparer pour leur compte,
persuadés que le pouvoir est le lieu où ils peuvent faire
main basse sur le Bien, cette possibilité est exclue. Car si
le pouvoir est l'enjeu d'une lutte, cette lutte, étant civile
et intestine, les perd, eux et l'État tout entier. — *C'est*
b *tout à fait vrai.* — Peux-tu me citer une autre vie qui
comporte le mépris du pouvoir politique en dehors de
celle de la véritable philosophie ? — *Non, par Zeus !*
— Il faut donc que ceux qui vont au pouvoir y aillent
sans être amoureux du pouvoir ; autrement il y aura
guerre entre amants rivaux. — *C'est inévitable.* — A qui
imposeras-tu la charge de l'État, sinon à ceux qui, parce
qu'ils ont réfléchi le plus complètement aux moyens
d'établir la cité la mieux gouvernée, ont d'autres valeurs
et une vie préférable à la vie politique ? — *A personne*
d'autre.

• ***Les sciences propres à assurer la conversion.***

c Veux-tu donc que nous examinions à présent ceci : de
quelle manière de tels hommes pourront-ils advenir, et
comment les fera-t-on monter vers la lumière, comme
certains, dit-on, sont montés de l'Hadès jusqu'aux dieux ?
— *Si je le veux !* — Cela, semble-t-il, n'est pas comparable

à ce jeu où l'on retourne une coquille[1], il s'agit ici de la conversion de l'âme de je ne sais quel jour nocturne vers le vrai jour de l'être, et cette ascension est ce que nous déclarons être la vraie philosophie. — *Certainement.* — Il nous faut donc examiner laquelle parmi les sciences
possède une puissance de ce genre. — *Sans aucun doute.* d
— Quelle serait alors, Glaucon, la science capable de tirer l'âme hors de ce qui devient pour l'amener vers ce qui est ? Mais, pendant que je te parle, il me vient cette pensée : n'avons-nous pas affirmé qu'il était nécessaire pour de tels hommes d'être dans leur jeunesse athlètes et guerriers ? — *En effet.* — La science que nous cherchons doit donc posséder en plus une autre caractéristique. — *Laquelle ?* — De ne pas être inutile à des hommes de guerre. — *Elle le doit, si toutefois c'est possible.* — C'est
par la gymnastique et par la musique, du moins dans ce e
qui précède, que nous les avons éduqués. — *C'est bien cela.* — Pour la gymnastique, il me semble, elle s'applique constamment à ce qui naît et périt, car elle a la haute main sur la croissance et le dépérissement du corps. — *C'est évident.* — Elle n'est donc pas l'étude que
nous recherchons ? — *Non, en effet.* — Sera-ce alors la 522 a
musique, telle que nous l'avons analysée précédemment ? — *Mais elle n'était, si tu t'en souviens, que la contrepartie de la gymnastique. Elle éduquait les gardiens en leur donnant des habitudes, leur conférant grâce à l'harmonie non pas un savoir mais un certain équilibre harmonieux et aussi par la pratique du rythme une certaine grâce bien rythmée ; leur donnant des habitudes parentes de celles-ci (tout en étant distinctes) dans le domaine du discours, que celui-ci présente l'allure d'une fable ou qu'il soit plus véridique. Mais elle ne comprenait aucune étude qui menât à un but tel que celui que tu cherches à présent.*

1. Allusion au jeu de la coquille, analogue à notre pile ou face : les joueurs étaient divisés en deux camps séparés par une ligne. Un des joueurs lançait une coquille noire sur une face et blanche sur l'autre, en criant « nuit ou jour ». Selon la face qui était visible, l'un des camps se mettait à courir et l'autre le poursuivait.

b — Quelle précision dans ta manière de me rappeler tout cela ! En effet elle ne comportait réellement rien de tel. Mais, admirable Glaucon, quelle étude pourrait-il y avoir de cette espèce ? Car pour les techniques, notre opinion était, je crois, qu'elles étaient toutes bassement mécaniques. — *Sans doute. Et pourtant quelle autre étude reste-t-il si nous écartons la musique, la gymnastique et les techniques ?* — Eh bien, si nous n'en trouvons aucune
c en dehors de celles-là, prenons-en une qui s'étende à toutes. — *Laquelle ?* — Celle-ci, par exemple, fort commune, qu'utilisent toutes les techniques, tous les raisonnements et toutes les sciences, et qui est parmi les premières choses que chacun doit apprendre. — *Laquelle ?* — Cette toute petite chose qui consiste à savoir distinguer un, et deux, et trois. Je veux dire en un mot la science des nombres et celle du calcul. N'est-il pas vrai, en ce qui les concerne, que toute technique et toute science doit nécessairement y avoir part ? — *En vérité.* — L'art de la guerre aussi, par conséquent ? — *Cela est tout à fait nécessaire.* — Dans les tragédies où Palamède
d apparaît, il nous fait voir chaque fois, en la personne d'Agamemnon, un général bien ridicule. Car il affirme, si tu as remarqué, qu'il est l'inventeur du nombre et que c'est lui, Palamède, qui a assigné devant Troie un ordre de campement à l'armée, dénombré les vaisseaux et tout le reste, comme si avant lui rien de tout cela n'eût encore été compté, et qu'Agamemnon apparemment ignorait même combien il avait de pieds, s'il est vrai qu'il ne savait pas compter. Quelle espèce de général crois-tu alors que c'était ? — *Bien étrange, à mon avis, si cela était vrai.* — La faculté de calculer et de compter, ne nous
e faut-il donc pas la considérer comme une science nécessaire à un homme de guerre ? — *La plus nécessaire de toutes, s'il veut comprendre quoi que ce soit à l'art d'ordonner les armées, ou plutôt s'il veut simplement être un homme.* — Mais pour cette science, en as-tu la même conception que moi ? — *Laquelle ?* — Elle risque fort de faire partie

de ces sciences que nous recherchons, celles qui sont aptes 523 a
par leur nature à mener vers la pensée intelligente ; mais personne n'en use correctement, alors qu'elle possède parfaitement le pouvoir de nous tirer vers l'essence. — *Que veux-tu dire ?* — Je vais essayer de te faire saisir ce qu'il m'en semble ; mais les distinctions que je vais opérer pour ma part entre ce qui peut mener à ces résultats et ce qui ne le peut pas, examine-les et dis-moi si tu en es ou non d'accord, afin que nous voyions plus clairement s'il en va bien comme je le pressens. — *Explique.* — J'explique, à condition que tu considères
ce point : parmi les sensations, si certaines n'invitent pas b
l'intelligence à se poser des questions, parce que la sensation suffit à décider, d'autres au contraire l'incitent tout à fait à s'interroger, parce que la sensation n'engendre rien de sain. — *Il est évident que tu veux parler des choses que l'on voit de très loin, et des peintures en perspective ?* — Pas du tout, tu n'as pas compris. — *De quoi parles-tu alors ?* — Les choses qui n'invitent pas à réfléchir, ce sont toutes celles qui ne produisent pas en
même temps une sensation contraire. Si elles la produisent, c
je les considère comme des occasions de réfléchir, puisque la sensation ne manifeste pas une propriété plutôt que la propriété contraire, et cela que l'impression nous frappe de près ou de loin. Tu vas saisir plus clairement ce que je veux dire : nous disons par exemple que voici trois doigts, le plus court, l'index et le majeur. — *Parfaitement.* — Considère bien que c'est en les voyant de près que j'en parle, et examine ceci à leur sujet. — *Quoi donc ?* — Chacun d'eux paraît comme étant également un doigt,
et à cet égard il est totalement indifférent qu'on le voie d
au milieu ou à l'extrémité, blanc ou noir, épais ou mince, ou de toute autre qualité de ce genre. Car en tout cela, chez la plupart des hommes, l'âme n'éprouve pas la nécessité d'interroger son intelligence pour savoir ce que peut bien être un doigt ; jamais en effet la vue ne lui a signifié, en même temps, qu'un doigt fût le contraire

d'un doigt. — *Jamais, bien sûr.* — Donc une expérience
de ce genre n'est vraisemblablement pas propre à provo-
e quer ni à réveiller l'intelligence. — *Il me semble.* — Mais
alors, la grandeur des doigts, leur petitesse, la vue les
voit-elle comme il faut, et lui est-il indifférent que l'un
soit placé au milieu ou à l'extrémité ? Et de même le
toucher sent-il comme il faut l'épaisseur et la minceur,
ou la mollesse et la dureté ? Et les autres sens aussi ne
sont-ils pas insuffisants à nous faire saisir des qualités de
524 a ce genre ? Chacun d'eux ne procède-t-il pas ainsi : d'abord
le sens préposé à percevoir ce qui est dur l'a été
nécessairement aussi à percevoir ce qui est mou, et il
transmet à l'âme qu'une même chose est à la fois dure et
molle quand il la perçoit de cette façon ? — *Si.* — N'est-
il pas forcé alors qu'en pareil cas l'âme soit dans
l'embarras au sujet de ce que peut bien lui signifier une
sensation qui lui dit qu'une chose est dure et qu'elle est
molle aussi ? Et pour le léger et le lourd, que peut-il bien
en être, si une sensation lui dit que le léger est lourd, et
b le lourd léger ? — *En effet, ces interprétations sont bien
étranges pour l'âme, et réclament examen.* — Il est alors
vraisemblable que tout d'abord l'âme appelle à l'aide le
raisonnement et l'intelligence pour examiner si chacun de
ces témoignages porte sur une seule chose, ou sur deux.
— *Certes.* — Donc, si ces choses apparaissent comme
étant deux, chacune apparaît bien comme distincte et
une ? — *Oui.* — Si chacune d'elle lui paraît une, et que
l'une et l'autre sont deux, elle les pensera comme deux
termes séparés ; sinon, si ces termes n'étaient pas séparés,
c elle ne les penserait pas comme deux, mais comme un
seul. — *Tu as raison.* — Or la vue, disons-nous, a vu le
grand et le petit, non pas séparés, mais pour ainsi dire
confondus ensemble. C'est bien cela ? — *Oui.* — C'est
pour en arriver sur ce point à la clarté que l'intelligence
a été forcée de voir le grand et le petit, non plus fondus,
mais bien distincts, contrairement au témoignage de la
vue. — *C'est vrai.* — N'est-ce pas en partant de là,

précisément, que nous en arrivons à nous demander ce que peuvent bien être le grand et le petit ? — *Parfaitement.* — Et c'est pourquoi nous avons appelé l'intelligible, « intelligible » en le distinguant du visible ? — *C'est le* d
nom qui convient. — Voilà donc ce que je tentais de dire, tout à l'heure, en posant que certaines choses provoquent à raisonner et d'autres non ; celles qui frappent la sensation avec deux impressions contraires et simultanées, je les ai définies comme provoquant l'intelligence, et celles qui ne le font pas comme ne la provoquant pas. — *Je comprends maintenant, et je suis de cet avis.* — Mais le nombre et l'unité, dans quelle classe juges-tu qu'ils sont ? — *Je ne sais pas trop.* — Eh bien, raisonne à partir de ce que nous venons de dire : si e
l'unité, telle qu'elle est en elle-même, pouvait être vue ou saisie adéquatement par n'importe quel autre sens, alors elle ne serait pas capable de nous tirer vers l'essence, comme nous l'avons dit pour le doigt ; mais si toujours une contrariété est perçue à son propos et ceci dans un même temps, de telle sorte qu'elle n'apparaisse pas plus comme une unité que comme le contraire d'une unité, alors il faut un juge qui décide, et l'âme sera contrainte sur ce point à l'embarras, elle devra commencer à chercher en mettant au-dedans d'elle la réflexion en mouvement, et elle devra se demander ce que peut bien être l'unité elle-même. Ainsi, une des manières de conduire l'âme et de la tourner vers la vision de ce qui est vraiment, c'est 525 a
bien cette volonté d'apprendre ce qu'il en est de l'unité. — *Mais certes la vision de l'unité possède tout autant cette propriété : car nous voyons bien en même temps une même chose une et presque infinie dans sa multiplicité.* — Si cela est vrai de l'unité, cela arrive aussi à tout nombre en général ? — *Evidemment.* — Or la science du calcul et celle des nombres portent tout entières sur le nombre ? — *Absolument.* — Ce sont donc évidemment des sciences capables de mener vers la vérité. — *Extraordi-* b
nairement capables. — Elles font alors partie, à ce

qu'il semble, des sciences que nous recherchons ; il est nécessaire que l'homme de guerre les apprenne pour ordonner ses armées, et de même le philosophe s'il veut échapper à la sphère du devenir et atteindre celle de l'essence, sans quoi il ne deviendra jamais capable de raisonner. — *C'est cela.* — Mais notre gardien se trouve être à la fois guerrier et philosophe. — *Assurément.* — Il convient donc, Glaucon, d'ériger en loi cette science, et de persuader ceux qui vont exercer les plus hautes
c responsabilités de l'État de se diriger vers la science du calcul et de s'y attaquer, non pas vulgairement, mais jusqu'à ce qu'ils arrivent à saisir la nature du nombre par la seule intelligence ; ce ne sera pas en vue de l'utiliser, comme les commerçants en gros et en détail, pour vendre et pour acheter, mais en vue de la guerre, et aussi pour faciliter la conversion de l'âme lorsqu'elle se détourne du devenir pour se tourner vers la vérité et l'essence. — *C'est très bien parler.* — Et après avoir mentionné cette science
d des nombres, je comprends maintenant combien elle est subtile et de combien de façons elle peut nous servir pour ce que nous désirons — à condition d'être étudiée en vue de la connaissance et non pas de la vente au détail. — *De quelle façon ?* — En cela justement que, comme nous venons de le dire, c'est violemment qu'elle pousse l'âme quelque part vers le haut et qu'elle la force à tenir son discours sur les nombres en eux-mêmes, sans jamais supporter qu'on tienne ce discours en lui proposant des nombres dotés de corps visibles ou tangibles. Tu sais sans
e doute comment ceux qui s'y connaissent en la matière tournent chaque fois en ridicule quiconque entreprend, dans son raisonnement, de fractionner l'unité en tant que telle, et trouvent cela intolérable. Mais si toi tu la morcelles, eux la multiplient, craignant toujours que l'unité risque d'apparaître comme n'étant pas une, mais comme une multiplicité de parties. — *C'est tout à fait*
526 a *vrai ?* —A ton avis donc, Glaucon, si on leur posait cette question : « Surprenants amis, quels sont donc

ces nombres qui sont l'objet de votre discours, qui comprennent en eux l'unité telle que vous la pensez, chaque unité étant parfaitement égale à n'importe quelle autre sans la plus petite différence et sans compter en elle aucune partie ? », que crois-tu qu'ils répondraient ? — *Ceci, il me semble : qu'ils parlent des nombres auxquels seule la pensée a accès et qu'il est impossible de manipuler d'aucune autre façon.* — Tu vois donc, mon ami, que cette science risque de nous être réellement nécessaire, b
puisqu'elle contraint manifestement l'âme à se servir de l'intelligence pour atteindre la vérité elle-même. — *C'est bien l'action qu'elle a.* — Mais n'as-tu pas déjà remarqué que ceux qui sont naturellement doués pour le calcul ont pour ainsi dire l'esprit agile dans toutes les autres sciences, et que les esprits lents, quand on les forme et qu'on les exerce au calcul, même s'ils n'en retirent aucun autre profit, y gagnent au moins de devenir tous plus agiles ? — *Certes.* — Et même, à mon avis, il serait vraiment difficile de trouver beaucoup de sciences dont l'apprentis- c
sage et la pratique donnent plus de peine. — *En effet.* — Pour toutes ces raisons, c'est une science à ne pas laisser de côté, et les meilleurs naturels doivent en être instruits. — *Je pense comme toi.* — Voici donc une première science à adopter. Examinons-en une seconde, qui s'y rattache immédiatement, pour savoir si elle nous convient. — *Laquelle ? Veux-tu parler de la géométrie ?* — Elle-même. — *Dans la mesure où elle concerne les choses de la guerre, il est évident qu'elle convient. Car* d
pour dresser un camp, s'emparer d'une position, pour concentrer ou déployer une armée, pour toutes les autres formations qu'adopte une armée soit au combat soit en marche, la connaissance de la géométrie fera la différence. — A la vérité, pour de telles opérations, il suffit d'une petite dose de géométrie et de calcul. Or c'est sa partie la plus haute et la plus avancée qu'il faut examiner pour savoir si elle a bien pour but de nous faire voir plus e
facilement l'idée du Bien. Car c'est là que tend tout ce

qui contraint l'âme à se tourner vers le lieu dans lequel se trouve ce qu'il y a de plus heureux dans l'être, et qu'il faut que l'âme voie à tout prix. — *Tu as raison.* — Si c'est l'essence que la géométrie contraint à saisir, elle nous convient, mais si c'est le devenir, elle ne convient
527 a pas. — *Posons cela.* — Alors aucun de ceux qui ont la plus petite expérience de la géométrie ne nous contestera ceci : cette science a une nature exactement contraire à ce qu'en disent ceux qui la pratiquent. — *Que veux-tu dire ?* — Ils ne parlent qu'autant qu'il est nécessaire, et tout à fait ridiculement. Car ils tiennent tous leur discours comme s'ils étaient des hommes d'action et comme s'il s'agissait de faire quelque chose : ils parlent de « carrer », de « construire » sur une ligne donnée et d'« ajouter », émettant toujours des formules de ce genre, alors qu'en
b fait cette science tout entière est une occupation en vue de la connaissance. — *Tout à fait.* — Ne faut-il pas convenir encore de ceci ? — *De quoi ?* — Qu'il s'agit, d'une connaissance de ce qui est toujours, et non pas de ce qui à un moment donné naît et périt. — *Sans difficulté, car la géométrie est en effet une connaissance de ce qui est toujours.* — Elle est donc apte, mon ami, à tirer l'âme vers la vérité et à perfectionner la raison philosophique en ce qu'elle dirige vers le haut nos regards qu'à présent, et contrairement à ce qu'il faudrait, nous tournons vers le bas. — *Elle l'est autant qu'il est possible.* — Et, autant
c qu'il est possible, on prescrira aux citoyens de ta Cité parfaite de ne négliger la géométrie en aucune façon. Car elle a des applications qui ne sont pas minces. — *Lesquelles ?* — Celles que tu as mentionnées toi-même, et qui concernent la guerre ; de plus elle nous permet d'accéder mieux à toutes les sciences, et nous savons bien qu'il y a une différence du tout au tout selon qu'on s'est appliqué ou non à la géométrie. — *Du tout au tout.* — Nous prescrivons donc cette deuxième science aux jeunes gens. — *Prescrivons-la.* — Et maintenant, notre

troisième étape sera-t-elle l'astronomie ? Qu'en penses- d
tu ? — *C'est mon avis, car une perception juste des saisons, des mois, des années, ne convient pas seulement à l'agriculture et la navigation, mais tout autant à l'art militaire.* — Tu m'amuses ; tu sembles avoir peur que la foule ne considère que tu prescris des sciences inutiles. Et pourtant l'utilité de ces sciences n'est pas mince, bien qu'elle soit difficile à croire, car au cours de leur étude un certain organe de l'âme est purifié et ravivé en chacun,
un organe perdu et aveuglé par les autres occupations, et e
dont le salut importe plus que celui de milliers d'yeux ; car c'est par lui seul que la vérité est vue. Tu ne pourrais croire à quel point ceux qui partagent cette opinion trouveront que tu parles bien ; mais tous ceux qui n'ont aucune conscience de tout cela jugeront vraisemblablement que tu parles pour ne rien dire. Car ils ne voient, à part l'utilité pratique, aucune autre utilité qui mérite qu'on en
parle. Cela étant, examine donc auquel de ces deux genres 528 a
d'homme tu t'adresses. Peut-être n'est-ce ni aux uns ni autres, mais principalement pour toi-même, que tu tiens tes discours, sans néanmoins éprouver de jalousie envers qui serait capable d'en tirer profit ? — *C'est ce dernier parti que je prends, celui de parler surtout pour moi-même, de questionner et de répondre.* — Alors opère une petite retraite. Tout à l'heure en effet nous nous sommes trompés en choisissant la science qui fait suite à la géométrie. — *Comment cela ?* — Après les surfaces nous avons pris un solide déjà en mouvement au lieu de le
prendre lui-même en lui-même. Pour ne pas se tromper, b
il faut, immédiatement après la deuxième dimension, prendre la troisième. C'est celle, il me semble, que l'on rencontre dans les cubes et dans tout ce qui comporte de la profondeur. — *En effet, mais à mon avis, Socrate, il n'y a pas encore eu beaucoup de découvertes en ces matières.* — A cela il y a deux causes. D'abord, aucun État n'accordant de valeur à ces études, la recherche avance à peine en raison de leur difficulté. Ensuite, les

chercheurs ont besoin d'un directeur sans lequel ils ne
pourraient rien découvrir. D'une part ce directeur se
trouve difficilement, d'autre part, le trouverait-on, que
dans l'état actuel des choses ceux qui sont versés dans
c ces recherches seraient trop arrogants pour l'écouter. Mais
si un État tout entier, accordant de la valeur à ces
études, prenait sa part de cette direction, les chercheurs
l'écouteraient, et ces recherches menées avec continuité
et vigueur révéleraient alors leur véritable nature. Puisque
même à présent, malgré le mépris où les tient le plus
grand nombre, et bien qu'elles soient entravées par
l'incompréhension des chercheurs quant à leur véritable
utilité, elles n'en arrivent pas moins à se développer, en
vertu de la séduction qu'elles exercent ; aussi leur appari-
tion n'a-t-elle rien d'étonnant. — *Assurément, elles sédui-*
d *sent, elles ont un charme extraordinaire. Mais explique-*
moi plus clairement ce que tu disais tout à l'heure. Par
géométrie tu entendais, je suppose, l'étude des surfaces ?
— Oui. — *Ensuite tu as commencé par poser l'astronomie*
en second, puis tu es revenu en arrière. — C'est qu'en
voulant aller trop vite dans mon exposition de toutes ces
études, j'ai en fait perdu du temps. Ce qui suivait
immédiatement était l'étude de la dimension de profon-
deur, mais étant donné l'état ridicule de la recherche en
ces matières, je l'ai sautée et je suis passé de la géométrie
à l'astronomie, qui traite du mouvement de ce qui possède
e de la profondeur. — *C'est juste* — Comme quatrième
étape nous devons donc mettre l'astronomie, en supposant
que la science que nous laissons à présent de côté se
mettra à exister le jour où l'État s'en occupera. — *C'est*
vraisemblable. Et puisque tout à l'heure, Socrate, tu m'as
grondé parce que j'avais fait de l'astronomie un éloge
bassement utilitaire, je vais maintenant la louer conformé-
ment à ce que tu y recherches. Il est, me semble-t-il,
529 a *évident pour tous qu'elle force l'âme à regarder vers le*
haut, et qu'elle la détourne des choses d'ici-bas vers celles
de là-haut. — C'est peut-être évident pour tout le monde,

mais pas pour moi, car moi je n'ai pas du tout cette
opinion-là. — *Dis-moi alors comment tu vois la chose.*
— Ainsi : telle qu'elle est manipulée par ceux qui préten-
dent nous mener à la philosophie, c'est vers le bas qu'elle
nous fait regarder. — *Que veux-tu dire ?* — Tu ne recules
vraiment devant rien dans la manière de comprendre
l'étude des choses d'en haut ! Imagine un homme qui b
lève la tête pour regarder les ornements d'un plafond et
qui en prend vaguement connaissance : tu as l'air de
croire qu'il regarde avec son intelligence et non avec ses
yeux. Peut-être d'ailleurs est-ce toi qui juge bien, et moi
qui suis un simple d'esprit. Car je suis incapable, pour
ma part, d'accorder le pouvoir de faire regarder l'âme
vers le haut à une autre étude que celle qui porte sur
l'être et sur le non-visible ; et si c'est une chose sensible
que l'on se met à étudier, qu'on la regarde vers le haut
bouche bée ou vers le bas bouche fermée, je refuse de
dire qu'on apprenne là quoi que ce soit — car il n'existe
pas de science de cette sorte de choses ; l'âme alors tourne
ses regards non pas vers le haut mais bien vers le bas,
que l'on étudie sur terre à plat dos ou sur mer en faisant c
la planche. — *Je l'ai bien cherché, et tu as raison de
me sermonner. Mais comment selon toi faut-il étudier
l'astronomie, s'il faut prendre le contre-pied de la façon
dont elle est étudiée à présent, et pour qu'elle serve à ce
dont nous parlons ?* — Voici : les ornements qui constel-
lent le ciel, bien qu'ils soient brodés sur du visible, on
peut les tenir pour ce qu'il y a de plus beau et de plus
exact en ce genre ; mais ils sont bien inférieurs aux d
mouvements véritables, je veux dire ceux dans lesquels
une vitesse et une lenteur réelles — déterminées par un
nombre précis et décrivant dans l'espace toutes les figures
essentielles — sont mues relativement l'une à l'autre et
meuvent aussi tout ce qui est contenu en elles. Et cela ne
peut être saisi que par la réflexion et la raison, sûrement
pas par la vue. As-tu un autre avis ? — *Pas du tout.*
— Il faut donc se servir de ce décor varié du ciel pour y

prendre des exemples afin de s'instruire de ce qui a une réalité vraie, exactement comme si l'on tombait sur des
e tracés superbement dessinés et travaillés par Dédale ou par quelque autre artiste ou peintre. En les voyant, un expert en géométrie jugerait, je suppose, qu'ils sont parfaits dans leur exécution mais qu'il serait ridicule de les examiner sérieusement pour y trouver la vérité sur
530 a l'égal, le double, ou toute autre proportion. — *Ce serait vraiment ridicule.* — Ne crois-tu pas que celui qui est un véritable astronome obéira à la même impression en regardant les mouvements des astres ? Il estimera que la plus belle disposition qu'il était possible de conférer à de tels ouvrages, c'est justement celle que l'ouvrier du ciel a donnée au ciel et à tout ce qu'il renferme. Quant à la proportion de la nuit au jour, du jour et de la nuit au mois, du mois à l'année, et au rapport des autres astres
b entre eux et à ceux qui entraînent ces divisions du temps, ne jugera-t-il pas absurde, à ton avis, de penser que tout cela se produit toujours identiquement, sans jamais présenter la moindre déviation ; absurde, alors que tout cela est pourvu d'un corps visible, d'y chercher par tous les moyens à y saisir une vérité ? — *Je le crois aussi, maintenant que tu l'as dit.* — C'est donc au moyen de problèmes que nous poursuivrons nos recherches en astronomie comme en géométrie ; nous laisserons de côté ce qui se passe dans le ciel si nous voulons réellement prendre dans l'astronomie ce qui peut rendre utile,
c d'inutile qu'elle était, la partie qui dans notre âme est naturellement capable de réfléchir. — *Voilà une besogne bien complexe que tu imposes en plus, en comparaison de ce qui se pratique à présent en astronomie.* — En vérité, je pense pourtant que nous devrons prescrire la même manière de faire à toutes les autres sciences, si nous prétendons être des législateurs utiles. Mais n'as-tu pas en tête une autre science qui puisse convenir ? — *Non, pas comme cela, pas pour le moment.* — Cependant le mouvement ne présente pas une seule forme mais bien

plusieurs, selon moi. Quelque savant pourrait sans doute
les énumérer toutes, mais même pour nous il y en a deux d
qui sont évidentes. — *Lesquelles ?* — En plus de celle
qui précède, il en existe une autre qui en est le pendant.
— *Laquelle ?* — De même que les yeux sont adaptés à
l'astronomie, de même les oreilles le sont aux mouvements
harmoniques, et ces deux espèces de sciences risquent
bien d'être sœurs, comme l'affirment les Pythagoriciens,
et nous en accord avec eux, Glaucon. Ou en déciderons-
nous autrement ? — *Non.* — Comme le travail est consi-
dérable, nous nous informerons donc de ce qu'ils disent e
sur ce sujet ou sur un autre éventuellement. Mais tout au
long nous garderons notre perspective. — *Laquelle ?*
— De veiller à ce que ceux dont nous faisons l'éducation
n'entreprennent jamais là-dessus une étude incomplète
mais qu'ils arrivent chaque fois au terme où tout doit
aboutir, comme nous venons de le dire à propos de
l'astronomie. Car tu sais sans doute qu'en harmonie on 531 a
pratique quelque chose de voisin. En se contentant de
mesurer les uns par rapport aux autres les accords et les
sons perçus par l'oreille, on fait, comme les astronomes,
un travail stérile. — *Et, mon Dieu, tout à fait ridicule.
On se met à donner des noms à je ne sais quels intervalles
presque inaudibles, à tendre l'oreille comme pour surpren-
dre la conversation des voisins, et les uns prétendent que
leur oreille peut encore distinguer un son supplémentaire
dans l'intervalle le plus rapproché, que c'est le plus petit
intervalle et qu'il doit servir de mesure ; d'autres le
contestent et affirment qu'il est identique aux sons déjà
émis. Mais les uns et les autres donnent la priorité à* b
l'oreille sur l'intelligence. — Tu parles, toi, de ces braves
gens qui tracassent les cordes, les mettent à la torture en
leur infligeant le supplice du chevalet. Pour ne pas filer
abusivement la métaphore en parlant des coups d'archet
qu'ils assènent et des injures qu'ils adressent aux cordes,
leur reprochant de trop répondre ou de se taire, j'en reste
là et je déclare que ce n'est pas de ces gens-là que je

veux parler mais de ceux dont nous avons dit tout à
l'heure que nous les interrogerions sur l'harmonie. Car
c ils font la même chose que les astronomes. C'est dans les
accords saisis par l'oreille qu'ils cherchent des nombres,
mais ils ne s'élèvent pas jusqu'au problème afin d'examiner quels sont les nombres harmoniques, ceux qui ne le
sont pas, et pour quelle raison. — *Tu parles là d'un
travail fantastique.* — Utile en tout cas à la recherche du
Beau et du Bien, mais inutile si l'on poursuit la tâche
dans un autre esprit. — *C'est vraisemblable.* — Je crois
en vérité que la façon d'étudier toutes les sciences que
d nous venons d'énumérer, si elle est poussée jusqu'à en
démontrer la communauté et la parenté, jusqu'à démontrer la nature du lien qui les apparente, peut nous amener
à la pratique de ce que nous recherchons et ainsi justifier
les efforts fournis ; dans le cas contraire, on aura perdu
sa peine. — *J'en augure de même, mais tu parles
d'un travail énorme, Socrate.* — Du travail qu'exige le
prélude ; de quel autre peux-tu parler ? Ne savons-nous
pas que tout cela n'est que le prélude de l'air même qu'il
e faut apprendre ? Car je suppose que ceux qui sont habiles
en ces matières, tu ne les crois pas dialecticiens. — *Certes
non, sauf un très petit nombre parmi ceux que j'ai
rencontrés.* — Mais crois-tu alors que ceux qui ne sont
pas capables de donner une argumentation réfléchie ou
d'y être ouverts sauront jamais quoi que ce soit de ce
que nous disons qu'il faut savoir ? — *Non, je ne le crois
pas davantage.*

• ***La dialectique.***

532 a — Or, Glaucon, n'est-ce pas désormais cet air même
que parcourt le mouvement du dialogue ? Bien que ce
mouvement soit intelligible, la faculté de voir l'imite, elle
que nous venons de montrer essayant d'abord de regarder
les vivants eux-mêmes, puis les astres et pour finir le
soleil en lui-même. De la même façon, toutes les fois
qu'au cours du mouvement du dialogue on essaie, sans

se servir d'aucune sensation, par la seule réflexion, de
prendre son élan vers ce que chaque chose est en soi,
sans s'arrêter avant d'avoir saisi par la seule intelligence
ce qu'est en lui-même le Bien, alors on parvient au terme b
même de l'intelligible comme tout à l'heure, dans notre
allégorie, l'autre parvenait au terme du visible. — *Tout*
à fait. — Eh bien, ce cheminement, ne le nommes-tu pas
dialectique ? — *Bien sûr.* — La déliaison qui affranchit
des chaînes et la conversion qui détourne des ombres vers
les images fabriquées et vers la lumière, la montée enfin
hors du souterrain vers le soleil ; l'impuissance, une fois
là, à regarder les animaux, les plantes et la lumière du
soleil, la capacité au contraire du regard à se fixer sur les
simulacres divins projetés à la surface de l'eau et sur les c
ombres des objets qui réellement sont, et non plus sur les
ombres des objets fabriqués projetées par cette autre
lumière qui, comparée à celle du soleil, n'en est que le
pâle reflet : toute la pratique des arts que nous avons
énumérés possède exactement cette puissance-là, la puis-
sance de mener vers le haut ce qu'il y a de meilleur en
l'âme et de l'amener à voir ce qu'il y a de plus parfait
dans tout ce qui est, exactement comme tout à l'heure il
y avait montée de ce qu'il y a de plus perçant dans le
corps vers ce qu'il y a de plus lumineux dans le lieu
corporel et visible. — *Pour moi, je suis prêt à l'admettre ;* d
bien que cela me semble aussi difficile à admettre qu'à
rejeter. Cependant (car ce n'est pas seulement aujourd'hui
qu'il faut traiter de ces choses, et il faudra y revenir
maintes fois encore), posons qu'il en est comme nous
venons de dire, et passons à l'air lui-même. Analysons-le
comme nous avons analysé le prélude. Dis-moi quel
modèle[1] *convient à la puissance dialectique, en combien*
de formes elle se divise, et quelles sont ses voies. Car ce e
sont ces voies, il me semble, qui vont nous mener jusqu'au

1. Socrate vient de parler de *tropos*, de mode musical (532 a). Glaucon reprend la métaphore en parlant de « l'air qu'il faut apprendre » : la dialectique.

point où l'on peut se reposer du chemin parcouru et où l'on atteint le terme de la route. — Tu ne serais plus
533 a alors capable, mon cher Glaucon, de me suivre ; pour moi, ce n'est certes pas le désir qui me manque. Car ce que tu verrais, ce ne serait plus l'image de ce dont nous parlons, mais la réalité de la chose elle-même dans sa vérité, du moins telle qu'elle m'apparaît. Qu'elle soit réellement telle ou non, cela ne vaut pas la peine de l'affirmer à toute force. Mais qu'il y ait quelque chose de tel à voir, c'est ce qu'il faut soutenir, n'est-ce pas ? — *Assurément.* — Et aussi, que la puissance du dialogue peut seule manifester cette réalité à celui qui aura acquis l'expérience des études que nous venons d'énumérer, et que ce ne sera jamais possible d'aucune autre manière ?
b — *Voilà aussi qui mérite d'être affirmé à toute force.* — Ceci au moins personne ne nous le contestera : il n'y a pas d'autre méthode pour saisir selon une voie déterminée, sur chaque sujet, ce qu'est réellement l'essence de chaque chose. Car tous les autres arts n'ont affaire qu'aux opinions et aux appétits des hommes, ils ne visent que la production et la fabrication ou encore l'entretien des produits naturels et artificiels, et ils se sont tous constitués à ces fins. Pour ceux qui restent, dont nous avons dit qu'ils atteignaient quelque chose de l'être, la géométrie
c et les disciplines qui s'y rattachent, nous voyons que l'être leur apparaît comme en un rêve, qu'il leur est impossible de le voir avec un esprit bien éveillé aussi longtemps qu'ils se servent d'hypothèses qu'ils laissent sans y toucher, incapables qu'ils sont de les justifier dans un discours réfléchi. En effet, quand on prend pour principe un énoncé dont on n'a pas de savoir, et que l'énoncé final et tous les énoncés intermédiaires ne sont liés entre eux qu'en s'appuyant sur ce dont on n'a pas de savoir, quel moyen peut-il bien y avoir de faire une vraie science avec un système cohérent de ce genre ? — *Aucun.* — La méthode dialectique, donc, est la seule à suivre un pareil chemin : faisant justice des hypothèses, elle remonte

jusqu'au principe lui-même afin de s'y assurer solidement ; d
et l'œil de l'âme, tout à fait enfoui dans je ne sais quel
barbare bourbier, elle le tire doucement et l'amène en haut,
en utilisant comme auxiliaires et artisans de conversion les
arts que nous venons d'énumérer. A ces arts souvent
nous avons, cédant à l'usage, donné le nom de « scien-
ces » ; mais il leur faudrait un autre nom signifiant plus
de clarté que celui d'« opinion » mais plus d'obscurité
que celui de « science ». Dans ce qui précède, pour
définir cette manière de penser, nous avons je crois dit :
« raison ». Mais ce n'est pas ici,me semble-t-il, le lieu
d'entamer une controverse sur le nom, quand on a à
examiner des questions de l'importance de celles qui se e
posent à nous. — *Non, en effet.* — Il suffira de procéder
comme nous l'avons fait précédemment : en nommant
« science » la première section, « raison » la deuxième,
« conviction » la troisième et « illusion » la quatrième ; 534 a
ces deux dernières ensemble appelons les « opinions »,
les deux premières « intellection » ; l'opinion se rapporte
au devenir, l'intellection à l'essence. Et ce que l'essence
est au devenir, l'intellection l'est à l'opinion, et ce que
l'intellection est à l'opinion, la science l'est à la conviction
et la raison à l'illusion. Quant à la proportion entre les
objets auxquels s'appliquent ces opérations et à la division
en deux de chacun des segments, l'opinable et l'intelligible,
laissons cela de côté, Glaucon, de peur de déborder de
discours encore plus longs que les précédents. — *Pour* b
*ma part, et dans la mesure où je peux te suivre, je suis
d'accord avec toi.* — Appelles-tu aussi dialecticien celui
qui saisit dans un discours réfléchi l'essence de chaque
chose ? Et celui qui n'en est pas capable, dans la mesure
même où il est incapable de communiquer ce discours
réfléchi à lui-même ou à un autre, n'affirmeras-tu pas
que l'intelligence de cette chose lui fait défaut ? — *Com-
ment ne l'affirmerais-je pas ?* — Or, pour le Bien aussi,
il en va de même. Celui qui n'est pas capable dans un
discours réfléchi de définir l'idée du Bien en la distinguant

c de toutes les autres, ni de se frayer un chemin, comme dans une bataille, à travers toutes les objections, dans le désir de les réfuter en s'appuyant, non pas sur l'opinion, mais sur l'essence, celui qui ne pourrait pas en tout cela faire son chemin au moyen d'un discours inébranlable, celui-là, tu ne diras pas qu'il a un savoir de ce qu'est le Bien en soi ni d'aucun autre bien ; mais qu'il se saisit d'un quelconque simulacre, qu'il s'en saisit par l'opinion et non par la science et que, passant toute sa vie présente
d à rêver et à sommeiller, il sera arrivé chez Hadès pour s'y endormir profondément avant même de s'être jamais réveillé ici ? — *Oui, c'est tout à fait ce que je dirai.* — Eh bien, ces enfants que tu élèves et que tu éduques en paroles, si jamais tu avais à les élever en fait, tu ne permettrais pas, à mon avis, qu'étant irrationnels (comme ces lignes dont on parle en géométrie) ils aient le pouvoir dans l'État et président aux affaires les plus importantes ? — *Non, en effet.* — Tu leur feras donc une loi de s'attacher plus que tout à l'éducation qui les rendra capables de questionner et de répondre en sachant parfaitement ce qu'ils disent ? — *Je leur en ferai une loi, en*
e *accord avec toi.* — Il te semble donc bien que la dialectique a pour nous sa place tout en haut et qu'elle est comme le couronnement des sciences, qu'il n'y a pas d'autre science qui puisse à bon droit être placée plus haut qu'elle, et qu'enfin nous tenons en elle le terme de
535 a toutes les sciences ? — *Je le crois.*

• ***Les précautions nécessaires.***

— Il te reste maintenant le problème de la répartition, celui de savoir à qui nous ferons part de ces sciences et de quelle façon. — *C'est évident.* — Te rappelles-tu comment nous avons choisi auparavant les gouvernants, et quel genre d'homme nous avons élu ? — *Certainement.* — Eh bien, ce sont en gros des naturels de ce genre qu'il nous faut choisir. Il faudra préférer d'abord les plus fermes et les plus courageux, et autant que possible ceux

qui ont la plus belle allure ; en plus de tout cela, il faudra
rechercher non seulement des caractères nobles et forts, b
mais aussi les dispositions naturelles qu'ils doivent possé-
der pour s'adapter à notre éducation. — *Alors, définis
celles-ci* — Il leur faut, mon ami, du mordant dans
l'étude et de la facilité à apprendre, car les âmes s'effraient
bien plus devant les études poussées que devant les
exercices physiques ; cet effort en effet leur est propre et
les concerne seules, et elles ne le partagent pas avec le
corps. — *C'est vrai.* — Il faut aussi chercher celui qui a
une bonne mémoire, de l'opiniâtreté et le goût de c
l'effort sous toutes ses formes. Autrement, crois-tu qu'il
consentira tout à la fois à soumettre son corps à tant
d'exercices et à aller jusqu'au bout de la pratique d'études
si importantes ? — *Non, à moins qu'il ne soit d'un
naturel bien doué sur tous les plans.* — En tout cas,
l'erreur que l'on commet de nos jours et qui explique,
comme je l'ai déjà dit, le mépris où est tombée la
philosophie, c'est que s'y appliquent des gens indignes
d'elle. Car il faudrait que s'y appliquent des bien-nés, et
non des bâtards. — *Comment ?* — D'abord, celui qui d
s'y applique ne doit pas être boiteux quand il s'agit
d'aimer l'effort, c'est-à-dire travailleur pour une moitié
de la tâche et paresseux pour l'autre moitié. C'est ce qui
arrive chez celui qui aime la gymnastique, la chasse et
tous les efforts physiques, mais qui n'aime pas apprendre
ni écouter ni se mettre à chercher, et qui déteste tous les
efforts de ce genre. Est boiteux aussi celui chez qui le
goût de l'effort est orienté en sens contraire. — *C'est
très vrai.* — Par rapport à la vérité aussi, nous poserons
de la même façon ceci : c'est une âme mutilée que
celle qui, haïssant la fausseté volontaire, la supportant e
difficilement pour sa part et, s'en indignant violemment
quand cette fausseté est le fait d'autres âmes, s'accom-
mode au contraire de celle qui est involontaire, ne
s'indigne pas quand elle convaincue d'ignorance et se
vautre comme un cochon dans son ignorance. — *Tout* 536 a

à fait. — Et pour la tempérance, le courage, la grandeur et toutes les parties de la vertu, il ne faut pas moins veiller à distinguer le bâtard du bien-né. Car celui qui ne saurait pas soumettre ces vertus à l'examen, que ce soit un simple particulier ou un État, prendra, au hasard et selon la situation qu'il a à affronter, des boiteux et des bâtards, dans le premier cas comme amis, dans le second comme gouvernants. — *C'est bien ainsi que cela se passe.* — Il nous incombe donc de prendre nos précautions sur tout cela ; en effet, si ce sont des individus bien
b proportionnés de corps et d'âme que nous amenons à des études et à des exercices si considérables, et que nous éduquons, la Justice elle-même n'aura rien à redire, et nous assurerons le salut de l'État et de la constitution ; mais si nous y menons des individus d'une autre nature, nous produirons tout le contraire et nous déverserons sur la philosophie un ridicule encore plus grand. — *Ce serait vraiment honteux.* — Certainement ; mais il me semble que c'est moi qui, en ce moment, suis victime du ridicule.
c — *En quoi ?* — J'ai oublié que nous étions en train de jouer, et j'ai mis trop d'intensité dans mes paroles. Car, tout en parlant, j'ai porté mes regards vers la philosophie et, à voir qu'on la couvrait indignement de boue, je me suis irrité, il me semble, et, comme si je m'en prenais aux responsables, j'ai dit trop sérieusement ce que j'ai dit. — *Ma foi non, du moins ce n'est pas l'impression que j'ai eue en t'écoutant.* — Mais c'est celle que moi j'ai eue en parlant. En tout cas, n'oublions pas ceci : lors de notre premier tri nous avons choisi des gens déjà âgés, mais dans celui-ci ce ne sera plus possible. Car il ne faut
d pas écouter Solon quand il affirme qu'en vieillissant on est capable de beaucoup apprendre : on aurait plutôt moins de mal à courir ! C'est aux jeunes gens que reviennent les grands labeurs et les efforts multiples. — *Nécessairement.* — Ainsi donc c'est dès l'enfance qu'il faut proposer des éléments de calcul, de géométrie et de toutes les sciences préparatoires à l'étude de la dialectique,

sans donner à cet enseignement une forme contraignante.
— *Pourquoi donc ?* — Parce que l'homme libre ne doit e
rien apprendre servilement. Si les exercices physiques
pratiqués sous la contrainte ne causent aucun dommage
au corps, en l'âme au contraire aucune science introduite
de force ne peut demeurer. — *C'est vrai.* — C'est donc,
mon très cher, le jeu et non la force que tu devras
employer pour faire étudier les enfants : ainsi tu seras 537 a
mieux capable de discerner ce qui convient au naturel de
chacun. — *Cela paraît raisonnable.* — Nous avions dit,
t'en souviens-tu, qu'il fallait mener les enfants au combat
pourqu'ils y assistent juchés sur des chevaux, et, à
condition de pouvoir le faire sans danger, les en approcher
pour leur faire goûter le sang comme à des chiots ? — *Je
m'en souviens.* — Alors dans tous ces travaux, toutes ces
études, tous ces périls, celui qui montrera en chaque
occasion le plus de vivacité, tu l'admettras dans un groupe
choisi. — *A quel âge ?* — Lorsqu'ils sont libérés de la b
période de gymnastique obligatoire. Car pendant tout ce
temps, qui dure deux ou trois années, il est impossible
qu'ils fassent autre chose ; en effet la fatigue et le sommeil
sont ennemis des études. Et dans le même temps, une des
manières de les éprouver, et non la moindre, sera de
révéler ce que chacun vaut dans les exercices physiques.
— *Effectivement.* — Ce temps écoulé, ceux qui auront
été choisis parmi les jeunes gens arrivés à leur vingtième
année recevront de plus grands honneurs que les autres.
Alors, les sciences qui dans leur enfance leur avaient été
présentées sans ordre doivent être coordonnées afin qu'ils c
arrivent à une vision cohérente de la parenté qui lie ces
sciences entre elles et à la nature de l'être. — *A coup
sûr, seule cette manière d'étudier a des effets durables
sur ceux qui la reçoivent.* — C'est aussi la meilleure
manière d'éprouver si un naturel est doué ou non pour
la dialectique. Car celui qui a une vision cohérente est
dialecticien, et l'autre non. — *Je pense comme toi.* —
Relativement à ces exigences, il te faudra donc rechercher d

ceux qui y auront le mieux satisfait — aussi solides dans
les études scientifiques qu'à la guerre et que dans le reste
des épreuves imposées par la loi. Et ceux-là, quand ils
auront passé trente ans, tu devras les distinguer parmi
ceux qui auront été déjà distingués, et les élever à de plus
grands honneurs. Tu devras examiner, grâce à l'épreuve
de la puissance dialectique, lequel est capable de renoncer
à se servir de ses yeux et de tout autre sens pour
s'acheminer, en compagnie de la vérité, vers la saisie
d'une réalité qui est vraiment. En cela, mon ami, réside
la tâche qui réclame la plus grande vigilance. — *Pourquoi*
e *donc ?* — Ne réfléchis-tu pas à l'étendue du mal qui
atteint aujourd'hui la dialectique ? — *Quel mal ?* — Elle
se dérègle, il me semble, tout à fait. — *C'est certain.*
— Trouves-tu étonnant que cela arrive à ceux qui la
pratiquent, et ne leur trouves-tu pas d'excuse ? — *A quel*
point de vue ? — Voici : prenons un enfant supposé
538 a qui est élevé somptueusement, dans une nombreuse et
puissante famille, entouré d'une foule de flatteurs ; devenu
un homme, il se rend compte qu'il n'est pas le fils de
ceux qui prétendent être ses parents, sans pourtant
découvrir ceux qui l'ont réellement mis au monde. Peux-
tu deviner sa disposition d'esprit envers ses flatteurs
comme envers ceux dont il est l'enfant supposé, d'une
part avant d'apprendre cette supposition, d'autre part
après l'avoir apprise ? Ou désires-tu m'entendre faire le
devin ? — *S'il te plaît !* — Eh bien, je prédis que durant
tout le temps où il ignorera la vérité, il respectera
b davantage ceux qu'il croit être son père, sa mère et le
reste de ses proches que ses flatteurs, qu'il sera plus
attentif à leurs besoins, moins déréglé dans ses actes et
dans ses paroles envers eux, et que pour les choses
importantes il les écoutera davantage que ses flatteurs.
— *C'est vraisemblable.* — Et, une fois qu'il aura compris
ce qu'il en est, je prédis qu'au contraire il relâchera son
respect et son empressement envers ses parents alors qu'il
en redoublera envers ses flatteurs, qu'il écoutera ces

derniers tout autrement qu'auparavant, que désormais il
réglera son existence sur leurs avis et les fréquentera c
ouvertement ; tandis que de ce père et de sa famille
supposés, à moins qu'il ait un remarquable naturel, il ne
se souciera plus du tout. — *Tu dis les choses juste comme
elles se passeraient. Mais quel rapport cette image a-t-elle
avec ceux qui s'attaquent à la dialectique ?* — Celui-ci :
nous avons, je crois, dès l'enfance, sur ce qui est juste et
beau, des maximes qui nous ont nourris comme des
parents, auxquelles nous obéissons et que nous respectons.
— *En effet.* — Or il existe aussi des manières de se d
conduire, opposées à celles-là, promettant bien des plai-
sirs, qui flattent notre âme et l'attirent à elles, mais qui
ne persuadent pas ceux qui ont tant soit peu le sens de la
mesure ; car les manières de vivre qu'ils respectent sont
celles de leurs pères, c'est à elles qu'ils se conforment.
— *C'est cela.* — Eh bien, supposons ceci : on vient
demander à un homme ainsi disposé : « qu'est-ce qu'il
est beau de faire ? » ; s'il répond ce qu'il a appris du
législateur, on le réfute par un argument ; à force de le
réfuter cent fois de cent façons, on le réduit à l'opinion
qu'aucune action n'est belle plutôt que honteuse, et il e
aura la même opinion au sujet du Juste, du Bien et de
tout ce qu'il respectait le plus : que deviendrons alors, à
ton avis, le respect et la soumission qu'il avait pour ces
valeurs traditionnelles ? — *Son respect et sa soumission
ne sont nécessairement plus ce qu'ils étaient.* — Mais le
jour où il ne tiendra plus comme avant ces valeurs pour
respectables, qu'il ne leur reconnaîtra plus aucune parenté
avec lui, sans être cependant capable de découvrir les
vraies valeurs, peut-on vraisemblablement s'attendre à ce
qu'il adopte une autre conduite de vie que celle qui le 539 a
flatte ? — *Non.* — On le verra donc, je pense, devenir
déréglé, de bien réglé qu'il était. — *Nécessairement.*
— Selon toute vraisemblance, c'est précisément ce qui
arrivera à ceux qui s'attaquent de cette façon à l'exercice
dialectique ; et, comme je viens de le dire, ne sont-ils pas

tout à fait excusables ? — *Et pitoyables aussi.* — Afin
que nos étudiants de trente ans ne risquent pas de susciter
cette sorte de pitié, ne dois-tu pas prendre toutes les
précautions possibles quand ils s'attaquent à la dialecti-
que ? — *Je crois bien.* — Or n'aura-t-elle pas déjà un
effet à long terme, cette unique précaution : ne pas les
b laisser encore trop jeunes goûter à la dialectique ? Car je
pense qu'il ne t'a pas échappé que les adolescents, quand
ils y ont goûté une fois, en abusent comme si c'était un
jeu, qu'ils ne s'en servent jamais que pour contredire, et
qu'ils se mettent à leur tour, imitant ceux par qui ils ont
été réfutés, à en réfuter d'autres, prenant plaisir comme
de jeunes chiens à tirailler et déchirer avec leurs arguments
tous ceux qui les approchent. — *Oui, ils passent les
bornes.* — Aussi, après avoir réfuté un bon nombre
d'hommes et avoir eux-mêmes été réfutés par beaucoup,
c en arrivent-ils très rapidement à ne plus rien croire de
tout ce qu'ils croyaient auparavant. Il s'ensuit qu'au
regard de l'opinion ils deviennent eux-mêmes un objet de
mépris, et avec eux la totalité de la philosophie. — *C'est
tout à fait vrai.* — Mais, ayant mûri, on ne consentira
plus à prendre part à cette sorte de délire. On imitera
celui qui souhaite dialoguer et rechercher ce qui est vrai,
plutôt que celui qui contredit pour le plaisir et joue pour
le plaisir de jouer. On y gagnera pour soi-même d'être
d plus mesuré, et on rendra ce à quoi on s'occupe plus
respectable au lieu de le rendre plus méprisable. — *Tu as
raison.* — Alors, tout ce qui a été avancé auparavant ne
l'a-t-il pas été par précaution ? Je parle du moment où
nous réclamions des naturels bien réglés et solides pour
leur faire part de l'exercice dialectique, au lieu de laisser
y accéder, comme cela se pratique aujourd'hui, le premier
venu et celui qui y est le moins propre. — *Certes.* — Dans
le cas de celui qui se consacre de façon permanente, avec
assiduité et ardeur, à l'exercice dialectique, sans rien faire
d'autre — s'adonnant ainsi à une gymnastique qui est le
pendant de celle par laquelle il a exercé son corps — si

nous lui prescrivons d'y passer deux fois plus d'années que
pour les exercices physiques, cela suffira-t-il ? — *Veux-tu
dire six ans ou quatre ans ?* — Ne t'inquiète pas de cela ; e
mets-en cinq. Car après il faudra que tu les fasses
redescendre à nouveau dans notre caverne et que tu les
forces à assumer des commandements militaires ainsi que
toutes les fonctions qui conviennent à des hommes jeunes,
afin qu'ils ne soient pas à la traîne pour ce qui est de
l'expérience. Et une fois encore, tout cela servira d'épreuve
pour voir s'ils sont capables d'opposer une résistance
ferme à ce qui de tous côtés les attire et les ébranle. 540 a
— *Combien de temps assignes-tu à cette étape ?* — Quinze
années. A cinquante ans, ceux qui auront triomphé de
toutes ces épreuves, qui auront été les meilleurs, en tout
et de toutes les façons, dans l'exécution des tâches comme
dans les sciences, il faudra désormais les mener au terme.
Il faudra les obliger à orienter vers le haut la partie
lumineuse de leur âme et à regarder vers ce qui procure
la lumière à toutes choses ; quand ils auront vu le Bien
lui-même, ils devront se servir de lui comme d'un
modèle pour ordonner l'État, les particuliers et eux-mêmes
pendant le reste de leur vie, se relayant pour passer le b
plus clair de leur temps à la philosophie mais, leur tour
venu, consacrant tous leurs efforts aux affaires publiques
et au gouvernement dans l'intérêt de l'État, non parce
qu'à leurs yeux l'activité est belle, mais parce qu'elle est
nécessaire ; ainsi, s'appliquant à éduquer sans cesse
d'autres hommes à leur semblance pour leur confier à
leur tour la garde de l'État, ils s'en iront habiter les Iles
des Bienheureux. L'État leur élevera des monuments et
leur offrira des sacrifices publics comme à des divinités, c
quand la Pythie l'aura permis par un oracle, sinon,
comme à des êtres bienheureux et divins. — *Ils sont bien
beaux tes gouvernants, Socrate ; c'est comme si un
sculpteur les avait faits.* — Et celles qui gouvernent aussi,
Glaucon. Car ne t'imagine pas que ce que j'ai dit
concernait moins les femmes que les hommes, celles en

tout cas parmi les femmes que leur naturel en rend
capables. — *Tu as raison, s'il est vrai que tout doit être
égal entre hommes et femmes, comme nous l'avons*
d *exposé.* — Eh bien, m'accordez-vous que tout ce que
nous avons dit sur l'État et sa constitution n'était pas du
tout un vœu pieux ? Qu'au contraire la réalisation, si elle
en est difficile, est cependant possible d'une certaine
façon ? Mais qu'il n'y a aucune autre possibilité que celle
que nous avons énoncée : ce sera seulement possible le
jour où ceux qui sont véritablement philosophes (un
seul ou bien plusieurs), ayant le pouvoir dans l'État,
mépriseront les honneurs du présent en les tenant pour
indignes d'hommes libres et dénués de toute valeur, le
jour où ils n'estimeront rien au-dessus de ce qui est droit
e et des honneurs qui en découlent, et où, considérant le
Juste comme la chose la plus importante et la plus
nécessaire, ils se mettront à son service, chercheront à le
renforcer, et réaliseront ainsi l'État qui leur est propre.
— *De quelle façon ?* — Tous ceux qui dans l'État se
trouveront avoir plus de dix ans, ils les relégueront à la
541 a campagne ; tandis qu'arrachant les enfants appelés à
devenir les leurs aux mœurs présentes (celles qu'ils héritent
de leurs parents), ils les élèveront dans leurs propres
modes de vie et dans les lois qui sont les leurs, et qui
sont telles que nous l'avons exposé tout à l'heure. Ainsi
ce sera le moyen le plus rapide et le plus facile de
constituer la cité et le régime politique dont nous avons
parlé, d'assurer le bonheur de l'État et du peuple qui les
aura vu naître, et de leur procurer les plus grands
b bienfaits. — *Tout à fait. Et quant à la façon dont cela
pourra se produire si jamais cela se produit, tu me
semblés, Socrate, avoir bien parlé.* — Mais nos discours
sur cette cité, et sur l'homme qui lui est semblable, ne te
paraissent-ils pas suffisants ? Car il n'y a pas de doute
sur le genre d'homme que nous poserons qu'il doit être ?
— *Aucun doute. Et puisque tu le demandes, il me semble
que notre discours est arrivé au terme.*

Commentaire

Platon
République
Livres VI (504) — VII

INTRODUCTION

La *République* (en grec *Politeia*, qui signifie constitution, régime politique en général) contient-elle la « politique » de Platon ? Ce dialogue est-il un ouvrage de « philosophie politique ? »

• *Un ouvrage de philosophie politique ?*

Par philosophie politique on entend habituellement une certaine partie de la philosophie, où des problèmes spécifiques — ceux du fondement de l'autorité, de la nature du droit, de la forme de gouvernement, des institutions — reçoivent une solution spéculative, « philosophique », au lieu de se résoudre par l'expérience et dans l'histoire. Ayant un objet différent, un domaine particulier de faits, la philosophie politique garde pourtant, relativement aux sciences politiques, un aspect philosophique en ce qu'elle ne se contente pas de décrire des fonctionnements ou de dégager des liaisons constantes, mais en ce qu'elle pose le problème du meilleur type de gouvernement, d'organisation sociale, politique et économique. Si l'analyse du passage au meilleur type de société envisagé ne tient pas compte des circonstances historiques concrètes, on ne parle plus alors de philosophie politique, mais d'utopie (c'est-à-dire d'une construction politique imaginaire, « idéale », ayant par là même peu de chances de se réaliser). Or de toutes ces distinctions — entre philosophie, philosophie politique, sciences politiques, et utopie — un ouvrage comme la *République* semble ne tenir aucun compte. Est-ce que Platon n'avait pas, pas encore, une conscience claire de ces difficultés ? Ou appliquons-nous là des catégories qui sont non seulement anachroniques, mais que toute l'entreprise philosophique de Platon tend précisément à récuser ?

Dans un dialogue antérieur, l'*Euthydème*, Platon trace le portrait de celui qui, souhaitant échapper à la stérilité et à l'apparente inutilité de l'abstraction, comme à l'opportunisme empirique de la politique, prétend appliquer la rigueur de la réflexion aux affaires « les plus importantes ». Or, objecte Platon, si la philosophie et la politique ne valent rien séparément, elles continueront, même prises ensemble, à ne rien valoir. Si l'une des deux mérite qu'on s'y consacre et non pas l'autre, alors il faut s'occuper de celle qui vaut et abandonner l'autre. Mais si elles ont toutes deux une valeur, le philosophe politique, intermédiaire entre le philosophe et le politique, est inférieur à chacun. La philosophie n'est donc pas une méthode de réflexion valable en général et applicable à n'importe quel problème particulier : c'est là la thèse d'un contemporain de Platon, Isocrate. Ce dernier prétend, par un enseignement intellectuel et moral, former des hommes capables de gouverner car ils auraient acquis une agilité intellectuelle jointe au sens des valeurs de la cité. Voulant, tout comme Platon semble-t-il, sauver la philosophie du discrédit où l'avaient jeté les sophistes, Isocrate nomme « philosophie» le mélange de gymnastique intellectuelle et d'instruction civique qu'il dispense. Mais défendre ainsi la philosophie implique qu'on la justifie seulement par son utilité pratique et par la qualité des hommes qu'elle est capable de former. C'est, selon Platon, lui substituer une contrefaçon, faire l'apologie d'une philosophie dont la définition est si vague qu'elle se confond avec n'importe quelle discipline libérale, et c'est faire surtout l'apologie d'une philosophie sans philosophe.

Or la question de la philosophie et de son rapport avec l'organisation politique est la question centrale de la *République*. Avant de faire à la philosophie et aux philosophes leur place dans la cité, encore faut-il savoir ce que l'on défend. En reprenant le terme « philosophie »,

Platon va lui faire porter un tout autre sens, un sens littéralement « inouï ». La philosophie est d'abord un désir, elle est le désir propre à la partie intelligente de l'âme. Ce désir a, en certains, une telle intensité, « qu'on est brûlé et consumé par lui comme sous l'effet d'un incendie » (*Lettre VII*). Désir qui change la nature même du désir, il ne procède pas d'un manque, d'un vide exigeant sa réplétion, mais d'un refus et d'un élan : il est ce qu'aucune multiplicité sensible ne saurait satisfaire, il est élan vers l'unité réelle de ce qu'est chaque chose dans sa différence propre. La philosophie comme désir engendre la philosophie comme pensée, comme recherche de la définition de l'essence. Mais, parce qu'il sait qu'il ne sait pas ce qu'il en est de l'essence, le philosophe est celui qui peut apprendre, qui peut par conséquent aussi s'éduquer et éduquer. Désir différent, savoir différent portant sur ce qui diffère du sensible, la philosophie est aussi éducation, conversion totale et irréversible. Ainsi entendue, elle n'est donc pas, selon Platon, une discipline qui précéderait ou qui viendrait en couronner d'autres. Elle est un acharnement à penser ; or penser implique que les problèmes ne soient jamais reçus comme l'expérience a l'air de nous les poser et de nous les imposer. La pensée entraîne une altération des termes de tout problème et l'invention, pour ce problème, d'une autre forme. Si la question politique semble être « comment organiser une société, gouverner les hommes ? », elle débouche, pour le philosophe, sur une question plus radicale : pourquoi gouverner une société ainsi, et pour former quel type d'homme ? Mais qu'est-ce alors qu'un homme, qu'est-ce qui le pousse à agir, sous l'effet de quoi est-il capable de pâtir ? La reconduction de tout problème vers un problème premier, fondamental, exclut qu'une question puisse subsister dans sa particularité, sa spécificité apparente. Cette capacité de remonter d'un problème à l'autre jusqu'au problème de principe et de voir l'unité qui ordonne tous ces problèmes entre eux est la capacité philosophique, « synoptique », par excellence. Tout problème bien posé, c'est-à-dire radicalement posé, est un problème philosophique. La *République* ne va donc pas nous exposer la philosophie politique de Platon, elle nous apprend comment Platon a posé philosophiquement le problème politique.

Platon fait dire à Socrate, dans le *Gorgias*, à la fois qu'il ne fait pas et qu'il n'a jamais fait de politique, et qu'il est le seul vrai politique (la plupart des termes employés par Platon acquièrent ainsi un deuxième sens, leur sens vrai, à côté de leur sens commun, d'opinion). Socrate est un vrai politique parce qu'il est le seul à comprendre que le vrai problème politique est le problème de la définition de la justice. La justice consiste à reconnaître à chaque chose sa valeur propre, à lui donner le rang qui lui convient et la tâche qui lui revient. Elle est en elle-même un acte d'intelligence. Acte d'intelligence, comment la justice pourrait-elle être injuste envers l'intelligence ? Or rendre justice à celle-ci, c'est d'abord la reconnaître comme une puissance, puissance de comprendre, de discerner, aussi puissante en nous que nos besoins ou que l'appétit de pouvoir. Seule capable de saisir ce qui est vraiment bon et utile, elle est aussi seule capable de découvrir la valeur de chaque valeur. Cette valeur de toutes les autres valeurs, c'est ce que Platon nomme « Bien ». Parce qu'il réfléchit à la réalité du Bien, parce qu'il peut seul le définir dans sa différence propre, le philosophe est le seul vrai politique. Rendre justice à l'intelligence c'est donc, en un second sens, accorder à celui en qui l'intelligence domine, gouverne — au philosophe —, la place qui lui revient dans la cité. Celui en qui l'intelligence et la recherche de la vérité tiennent le premier rang, doit aussi avoir le premier rang. Le philosophe est la condition non seulement de la possibilité, mais de l'existence et de la sauvegarde de l'État juste (à condition qu'il ait le pouvoir, ou que ceux qui le détiennent deviennent authentiquement philosophes). Authentiquement : pour distinguer ceux qui philosophent vraiment de ceux qui ne font qu'usurper le nom de philosophes, Platon analyse la situation faite à la philosophie dans les États existants, et cherche les causes du mépris où on la tient comme de l'hostilité qu'elle inspire. Le mépris s'adresse aux « vrais philosophes », ceux dont on pense qu'ils tiennent des discours obscurs et qu'ils s'empêtrent dans des discussions vaines. S'ils sont tenus pour inutiles, la faute, affirme Platon, ne leur en revient pas, mais en revient aux États qui se trompent sur la véritable nature de l'utilité. L'hostilité, la crainte, s'adressent au contraire à ceux dont l'habileté est telle qu'ils peuvent persuader n'importe qui de n'importe quoi : aux sophistes. Et pourtant le sophiste n'est qu'un flatteur dont la « technique » est un art d'anticiper ce vers quoi tend la multitude, ce qui lui fait plaisir — que se soit en matière de peinture, de musique ou bien sûr de politique (*République*, VI, 493). Discerner les vrais philosophes des usurpateurs, puis démontrer que jamais aucun État ne sera juste ni bien gouverné s'il ne l'est par des philosophes authentiques, telle est l'entreprise centrale de la *République*, celle qui permet de parachever « l'esquisse » des cinq premiers Livres. Est vraiment philosophe celui en qui ce qui doit gouverner (l'intelligence), gouverne effectivement. Si Platon ne reconnaît qu'à la partie « logique », intelligente, de l'âme la faculté de commander, ce n'est pas par moralité : c'est qu'elle est la seule puissance capable d'accorder aux deux autres « parties » (aux appétits, à l'énergie) leur juste place et d'établir un équilibre entre elles sans en annuler aucune. L'appétit ne le peut pas, car toujours insatisfait, sans limite, sans mesure, il est tyrannique par essence et tend à anéantir tout ce qui peut s'opposer à lui. L'énergie n'est qu'un auxiliaire, qui ne vaut que ce que vaut ce au service de quoi elle se met. L'intelligence seule peut pénétrer et régler toutes les activités, y apporter une mesure qui ne soit pas quantitative (ni trop ni trop peu) mais qualitative (ce qui convient au moment où cela convient). L'intelligence est juste mesure, et la juste mesure est la condition de toute politique juste.

• ***La République est-elle une utopie ?***

Le politique doit d'abord être philosophe et ensuite, mais ensuite seulement, se faire politique. Car la politique, dira plus tard Platon dans le *Politique*, n'est pas un savoir théorique (comme les mathématiques par exemple), c'est un savoir « directif », c'est-à-dire un savoir capable (à la façon de celui de l'architecte) de faire le lien entre un modèle théoriquement établi et l'exécution pratique.

Le vrai politique sera donc celui qui tracera « en paroles » le modèle de la « bonne » cité, de la bonne constitution, avant d'en contrôler l'exécution. Mais « le faire a, moins que le dire, rapport à la réalité vraie » (*République* V, 473a). Seul le discours « à l'exclusion de tout autre moyen peut donner, des réalités intelligibles qui sont les plus belles et les plus importantes, une représentation précise » (*Politique*, 286a) : l'action implique toujours une distorsion par rapport au modèle. Ce modèle d'État est-il dans la *République* tracé par « jeu », sans illusion sur une réalisation possible ? La *République* est-elle la première d'une longue série d'utopies politiques ? Platon répond lui-même que cette réalisation, si elle est difficile, n'est pas impossible. Quelles sont alors les conditions du passage à la cité parfaite ? Il n'y en a qu'une, « toute petite » : que les philosophes aient le pouvoir dans les États. Que Platon y ait pour sa part cru, ses voyages successifs en Sicile suffisent à le prouver. Mais ce qui compte, c'est de savoir si pour nous une telle construction est utopique. Elle l'est assurément si nous ne tenons pour « réel » que l'empirique, si nous reconnaissons la toute-puissance de l'économie, seule capable de satisfaire les besoins et de conférer le pouvoir ; si enfin nous ne tenons pour « scientifiques » que les seules sciences nous permettant de dominer la nature. Sur ces trois postulats repose la réalité de ce que nous appelons habituellement « réalité ». Mais si à ce point de vue la politique de Platon est utopique, toute sa philosophie l'est aussi, car elles reposent toutes deux sur trois hypothèses exactement opposées : il existe des objets pour l'intelligence, et ces objets *sont* vraiment ; l'intelligence a une puissance qui peut être plus forte que celle des appétits et du désir de puissance ; il existe un savoir différent des savoirs rationnels : la dialectique, qui est la « plus haute science ». Ces hypothèses non seulement font de la philosophie une connaissance de « ce qui est vraiment », mais elles lui donnent pour tâche de « légiférer », de décider, de hiérarchiser.

En effet, chez Platon, le discours philosophique décide de ce que doit être l'être pour qu'il soit pensable, pour qu'il donne prise à l'intelligence et au discours. Vouloir poser la question « qu'est-ce qui est ? » indépendamment de la philosophie, c'est se représenter l'être soit comme massivement un, transcendant, immuable — auquel cas il n'y a rien à en dire ni même à en penser — soit au contraire comme perpétuel changement, incessant devenir — auquel cas il échappe à nouveau à toute connaissance vraie. Si nous ne pouvons déterminer l'être d'aucune façon, il n'est pas *véritablement*. Si nous ne pouvons qualifier la réalité que provisoirement et approximativement, c'est qu'elle n'*est* pas véritablement. Dans le premier cas, l'être transcendant a peut-être une existence, mais cette existence n'a pas de vérité. Dans le second, la réalité sensible a pour nous une vérité apparente, mais c'est son existence même qui fait problème. En fait, selon Platon, l'être n'est identifiable à aucun prédicat : il n'est pas plus mouvement incessant qu'éternelle immobilité, pas plus exclusivement « matériel » ou « sensible » qu'exclusivement intelligible, pas plus réductible à l'unité que dispersé dans une infinie multiplicité. Si l'immobile *est*, le mouvement *est* aussi ; l'un et le multiple s'impliquent mutuellement car l'unité ne peut être affirmée que relativement à une multiplicité, et réciproquement ; enfin si les réalités intelligibles *sont*, et sont réellement, vraiment, les choses sensibles, objets d'opinion, ne sont pas « rien » : elles ont une espèce d'être, et même le faux, l'illusoire, l'imaginaire ne peuvent se réduire au néant. Seul l'être ainsi conçu comme immobile *et* en mouvement, un *et* multiple, intelligible *et* sensible, peut donner prise au langage et à la pensée, au *logos*, au discours réfléchi. Déterminer l'unité, c'est nécessairement la multiplier, puisqu'en la qualifiant, en la disant (ne serait-ce qu'en disant que l'unité *est*), on dit nécessairement autre chose ; et réciproquement, penser le multiple c'est toujours en dénombrer précisément les unités, et le reconduire, en le « comprenant », vers son unité. De la même façon penser l'immobilité, l'immuable, c'est, en les faisant entrer dans un discours, les « mettre en mouvement » ; le mouvement n'est pensable qu'à la condition qu'il ne s'opère pas de toutes les façons à la fois, à la condition qu'il s'agisse d'un type de mouvement déterminé qui, à tous les autres points de vue, est en repos. Enfin penser l'intelligible implique qu'à *l'occasion d'une contrariété sensible*, l'intelligence ait été « éveillée », qu'elle se soit ressouvenue de son propre pouvoir ; mais le sensible ne peut être droitement nommé et correctement ordonné que si on le réfère à la réalité intelligible dont il participe.

Le discours du philosophe ne substitue donc pas à l'être une unité indifférenciée, pas plus qu'il ne reconnaît pour l'être qu'une seule manière d'être. Mais il s'oriente vers la manière d'être qui comporte le plus de vérité, vers la définition de ce que chaque étant est. Seul ce discours atteint un être qui est « en soi » (non sensible, non variable, et non changeant) ; qui a une manière d'être propre, une « essence » *(ousia)* distincte de toutes les autres, qui est une Forme *(eidos)* saisissable par la pensée seule et qu'aucune chose sensible ne présente, mais à laquelle toute chose sensible aspire parce qu'elle en manque ; un être qui donc a l'unité vraie, l'unicité d'une Idée *(Idea)* et dont la nature (*phusis)* a une puissance : celle de s'imposer à l'intelligence comme aux choses sensibles et de pâtir de l'intelligence qui la pense. Seul le « vrai » philosophe oriente sa puissance de comprendre vers des « êtres » de ce genre, seul il utilise le langage pour examiner, définir le vrai. Distinguer les vrais philosophes des usurpateurs est donc la condition de toute dénomination droite. Celui qui fait un « bon » usage du langage peut déterminer si un acte est vraiment juste, une science vraiment utile. Sinon, les « sophistes » et le plus grand nombre décideront du sens des mots, et « justes » continuera à qualifier des actions injustes, « utiles » des sciences dont l'efficacité n'est que pratique. De la rectitude dans l'emploi du terme « philosophe » dépend la rectitude dans l'emploi de tous les autres termes. En l'absence du philosophe, les mots continueront à errer, désignant tour à tour une chose et son contraire. De la justesse du langage, donc de la rectitude de la pensée, dépend la possibilité de la justice dans l'âme et dans l'État. A nous de décider si une telle perspective est, en elle-même, utopique.

• ***La méthode propre à la*** République.

Reconnaissant l'être et la manière d'être propre du Bien, du Juste, ou de l'Utile, capable de les rechercher et de les définir, le philosophe peut prendre les réalités qu'il a atteintes comme autant de modèles. Comparant ces modèles à ce qui existe en fait, il pourra interpréter ce que les faits lui proposent. Dans la *République* le premier mouvement, celui au cours duquel le philosophe interroge la Forme, l'essence, pour en comprendre l'unité et la différence, le mouvement *dialectique*, est décrit, mais il n'est pas mis en œuvre. On n'y rencontre que le mouvement de sens contraire : le philosophe dialecticien constitue comme modèle une Forme, et à partir du savoir qu'il en a, il rend intelligible et organise une multiplicité donnée. La Forme n'y est donc pas objet de définition mais modèle, paradigme, permettant de substituer à une multiplicité apparemment chaotique et insensée une multiplicité réglée et intelligible. Le philosophe, peintre en constitution politique, reporte le modèle sur la toile, et nous livre par « vagues successives » un savoir qu'il possède déjà. La clef de la méthode particulière à la *République* est donnée dans l'exemple de la lecture (II, 368 d — III, 402 a). Le dialecticien sait lire, il sait lire l'empirique. Savoir lire consiste à savoir reconnaître un élément (une lettre) quelles que soient les combinaisons dans lesquelles il entre (les syllabes), et sans en négliger aucune occurrence. Celui qui sait lire réduit l'effet de perspective, de différence globale, et peut épeler en chaque cas le petit nombre d'éléments. Le dialecticien opère un travail analogue : il identifie les éléments (une partie de l'âme, une vertu, un mode de connaissance ou d'être) et, qu'il ait affaire au plus grand des États ou au plus humble des hommes, il sait reconnaître que les éléments et les fonctions sont les mêmes.

Cela suppose qu'il existe une similitude (au sens géométrique où l'on parle de « triangles semblables ») entre la constitution de l'État et celle de l'âme, et que les rapports, les proportions qu'on dégage à partir de la plus grande des deux réalités vaudront pour la plus petite. Et pas plus que les lettres ne sont données dans la prononciation d'un mot (il faut déjà les connaître pour les reconnaître), les éléments qui permettent au dialecticien de structurer l'expérience ne sont donnés dans l'expérience. Il faut les avoir déjà saisis pour les discerner.

Tout est donc suspendu à la justesse de vision de celui qui a accès au modèle intelligible. Y a-t-il un critère de cette justesse ? Le propre d'une Forme est d'être une et unique : il y a beaucoup de choses « égales », mais il n'y a qu'une définition de l'Égalité parfaite. Le signe qu'on a, dans un discours, donné une bonne image de la Forme, c'est que cette image soit elle aussi unique. Il n'y a qu'*une* bonne image, la seule bonne image de la Justice est la cité idéale, mais il y en a une multiplicité de mauvaises. Le bon dialecticien doit non seulement constituer cette bonne image par son discours, mais aussi reconnaître le degré d'éloignement des mauvaises images par rapport au modèle, être capable de les hiérarchiser. Il n'existe qu'un État et qu'un type d'hommes justes, mais une multiplicité de constitutions politiques et de types d'hommes injustes à divers degrés. Le dialecticien déchiffre, identifie, pour mettre en ordre et pour classer. Cependant les éléments auxquels il a affaire dans l'âme et dans l'État ne sont pas inertes : ce sont des appétits, des intérêts, des forces, capables de modifier les structures dans lesquelles ils entrent. Car toute force est essentiellement ambiguë et peut s'orienter dans des sens opposés : le besoin est bien l'origine de toute communauté politique, mais, si on le laisse proliférer, il causera la décomposition de l'État. Le naturel philosophe, selon qu'il est bien ou mal éduqué, selon qu'il est capable ou non de résister à l'énorme pression de l'opinion publique cherchant à le détourner de la seule occupation qui lui convient, peut devenir tyran ou philosophe : car un naturel philosophe perverti ne donne pas un mauvais philosophe (un mauvais philosophe, c'est un sophiste), mais un tyran que son énergie, ses qualités, ses vertus mêmes contribuent à pervertir. La dialectique est la plus haute science mais, mal utilisée, elle peut devenir la pire des sophistiques.

Cette ambiguïté de toute force, de toute « puissance », implique que le philosophe doit savoir non seulement déchiffrer les forces mais aussi les orienter, et en avoir le pouvoir. Car son pouvoir, même lorsqu'il gouverne, n'est pas illimité. On ne peut persuader ceux qui se refusent à être persuadés. Le Livre I de la *République* nous montre l'échec de Socrate face à Thrasymaque, qui est sans doute, de tous les interlocuteurs que Platon a donnés à Socrate, le plus terrible : il réduit en effet le dialogue à n'être qu'un jeu, un divertissement analogue à cette course aux flambeaux des premières lignes de la *République* : « Eh bien, en ce jour des Bendidies, Socrate, que ce soit là ta part de la fête » (I, 354 a). Le Livre I n'aboutit pas, il est même fait pour mettre en évidence l'échec de la maïeutique. Lorsque Polémarque veut retenir Socrate et Glaucon qui s'apprêtaient à s'en aller, Socrate tente de le persuader de les laisser partir ; Polémarque réplique : « sera-t-il en votre pouvoir de persuader des gens qui se refusent à écouter ? ». Ce n'est pas au pouvoir de Socrate, et ce n'est au pouvoir de personne. La seule façon de contraindre celui qui ne veut pas écouter, c'est la violence ; et la limite absolue à la puissance du discours, c'est la mauvaise volonté de celui qui le reçoit. La maïeutique, l'art « d'accoucher » l'interlocuteur de ses opinions, suppose la bonne volonté. Ce n'est donc pas la persuasion qui pourra établir ou sauver une cité idéale. il faudra utiliser une violence particulière et propre au philosophe, parce qu'il sait la manipuler. Cette violence, c'est la longue contrainte de l'éducation. Elle peut seule imprimer dans la mémoire des opinions droites et les y maintenir. A l'échelle de la cité, la maïeutique est impuissante, et justifie même, quand elle s'adresse à celui qu'il ne faut pas (à Thrasymaque) les accusations contre la philosophie. Face à Thrasymaque, la parole de Socrate se déforme, son argumentation est forcée et peut même paraître sophistique. La dialectique ne peut s'exercer que librement, et que si on ne lui oppose pas la résistance obstinée de celui pour qui les faits sont les faits. Seule l'éducation peut au moins conférer une opinion droite sur les choses les plus importantes.

• ***La structure du Dialogue.***

Apologie de la « vraie philosophie », constitution de la seule bonne image de la justice, traité d'éducation, la

République est tout cela à la fois. L'enchevêtrement, la liaison interne de ces trois questions, justifie la méthode et explique la structure du Dialogue. Le philosophe fait en effet le lien entre l'essence de la justice, qu'il comprend (ce qui le rend du même coup vraiment juste) et cette justice qui est une vertu commune, résultant d'une opinion droite. Il est celui qui saisit l'essence, constitue en paroles la bonne image, en fait un modèle et se sert de ce modèle pour ordonner et apprécier ce qui est. Cela explique qu'après le Livre I, qui sert de Prologue, tous les thèmes vont être abordés symétriquement par rapport à une partie centrale unique (les Livres VI et VII). La première fois, le modèle est élaboré, la seconde il est confronté à la réalité des faits. Un modèle de culture est élaboré dans les Livres II et III, ce qui permet, au Livre X, d'analyser les effets néfastes de la culture existante. La tripartition de l'âme, découverte au Livre IV, rend possible, au Livre IX, la hiérarchie des types d'homme et de vie. Le modèle de l'État juste, « achevé » au Livre V, va dégénérer, et le Livre VIII décrira les étapes de cette corruption. On a comparé cette structure à celle du fronton d'un temple dont le Bien serait la figure centrale :

VI-VII
V VIII
IV IX
II-III X

Jusqu'à l'affirmation, à propos du Bien, qu'il y a quelque chose de tel à voir, et qu'il est dialectiquement saisissable par le philosophe seul, on n'avait en effet qu'un modèle imparfait d'homme et d'État. La définition de l'authentique philosophe, de la science qui lui est propre (la dialectique) et du terme de cette science (le Bien), permet de constituer l'État vraiment juste et de définir l'éducation comme une conversion totale de l'âme. Imposer une image authentique de la philosophie et de son utilité est donc la condition, et la seule condition selon Platon, d'une éducation qui soit autre chose qu'une transmission de connaissances, qui soit un arrachement à l'opinion et à la tyrannie de la bêtise, la condition aussi d'une justice qui ne soit pas toujours injuste, mais qui soit intelligence de ce par quoi un homme et un État méritent d'être gouvernés. Telle est la fonction de la partie centrale de la *République*.

Les articulations de la *République*

Prologue (Livre I)

Principaux interlocuteurs : Socrate, Polémarque, Thrasymaque.

Céphale et son fils Polémarque, se référant aux opinions des *poètes*, pensent que la justice consiste à donner à chacun ce qui lui revient.

Thrasymaque expose alors la thèse des *sophistes* : la justice est l'avantage du plus fort.

Glissement de l'examen dialectique de cette thèse vers la question : la justice est-elle réellement plus avantageuse que l'injustice ? La justice n'ayant pas été définie, on débouche sur une aporie.

1. Qu'est-ce que la justice ? (Livres II-IV)

Interlocuteurs jusqu'à la fin du Dialogue : Socrate et les deux frères de Platon, Adimante et Glaucon.

a) Reprise, pour relancer la question, de la thèse de Thrasymaque par Glaucon et Adimante.

Glaucon : nul, s'il est assuré de l'impunité, ne résistera à la tentation de commettre l'injustice. Adimante : l'apparence de la justice, jointe à l'exercice de l'injustice, risque d'être ce qu'il y a de plus avantageux.

Mais c'est la justice en elle-même, indépendamment de ses conséquences, qu'il faut examiner.

b) Préalables posés par Socrate à la définition du Juste :

— il y a similitude entre la structure de l'État et la structure de l'âme,

— l'origine de toute communauté politique est le besoin, qui engendre la division du travail,

— la multiplication des besoins entraîne la multiplication des tâches, l'accroissement de la richesse, l'impérialisme et la guerre,

— la guerre est un métier qui exige : un naturel approprié, une compétence, un apprentissage.

c) *Première question :* quels naturels convient-il de choisir comme gardiens de l'État ?

Ceux qui allient deux dispositions contraires : l'énergie, la douceur.

Deuxième question : comment éduquer ces gardiens ? Le problème des contes et des légendes qu'on raconte aux enfants conduit à examiner :

• la *culture* en général
— pour la *poésie* et la *littérature* :
quant au fond, la règle c'est la vérité
quant à la forme, c'est l'harmonie et la simplicité.
— la musique et les arts plastiques conduisent à confirmer ces règles.

• la *gymnastique* qui doit compléter cette culture générale et être complétée par elle.

Musique et gymnastique constituent la *première éducation* qui doit développer en l'âme à la fois l'énergie et l'amour du beau.

Troisième question : qui choisir comme gouvernants ?
— ceux qui sont capables de se garder et de se gouverner eux-mêmes,
— le choix se fera par des épreuves : souffrances, dangers, et surtout plaisirs,
— le tri sera à refaire à chaque génération.

Quatrième question : quelle vie mèneront les gardiens ?

— ils ne posséderont rien en propre,
— ils seront heureux, non d'un bonheur de privilégiés, mais parce qu'ils mènent une vie qui convient à leur nature, et ils contribueront au bonheur de l'État.

d) Tentative de conclusion.

La cité a été fondée, l'État ainsi constitué est parfaitement bon. Il est donc
— sage : par sa « tête » (ses gardiens)
— courageux : par ses guerriers
— tempérant : par la concorde qui règne entre ses trois classes
— juste : chacun y fait la tâche qui lui est propre. On a défini la justice dans l'État. En quoi consiste la justice dans l'individu ?
— de même qu'il y a trois classes dans l'État, il y a trois parties dans l'âme : appétit, énergie, raison,
— la justice est une harmonie entre ces trois parties, l'injustice une dissension.

2. Quelles sont les conditions pour réaliser la justice ainsi définie ? (Livres V-VII)

Interruption d'Adimante : Socrate n'a pas tout dit. Il faut revenir sur le mode de vie des gardiens. Socrate va soutenir trois paradoxes, faire déferler trois vagues.
La première vague, l'égalité des sexes :
— aucune occupation ne convient à un homme parce que c'est un homme, mais parce qu'il est doué pour elle ;
— les femmes seront donc éduquées comme les hommes, elles auront les mêmes occupations, elles seront gardiennes, guerrières, philosophes.
La deuxième vague, la communauté des femmes et des enfants :
— l'institution de la famille est abolie en ce qui concerne les auxiliaires (les guerriers),
— l'État aura la tâche de l'éducation des enfants.

Deuxième interruption d'Adimante : l'existence d'un tel régime politique est-elle possible, et comment ?

Socrate rappelle que c'est le problème de la justice qui a entraîné la constitution de l'État idéal, que cet État est parfaitement juste, qu'il existe ou non dans les faits. Quel est cependant le « minime changement » qui permettrait aux États existants de passer de l'injustice à la justice ?

La troisième vague, le gouvernement des philosophes.

Il y a une seule condition : ou bien les philosophes deviendront rois, ou bien ceux qui ont le pouvoir dans les États deviendront philosophes.

1. Mais qu'est-ce qu'un philosophe ?

Première tentative de définition : c'est un ami du savoir. Ce qui est ainsi défini n'est pas le philosophe, mais l'« amateur de spectacles », l'homme cultivé.

Deuxième définition : le philosophe est celui pour qui la vérité est le seul spectacle dont il est amateur ;

— définition développée du naturel philosophe : de son essence (il est amoureux du réel, de tout le réel, de la vérité) découlent ses vertus et des qualités.

Objection d'Adimante : si le philosophe est ainsi doué, pourquoi est-il considéré par l'État comme dangereux ou inutile ?

2. Les causes de la calomnie envers la philosophie ;

— les vrais philosophes ne sont pas inutiles, c'est l'État qui ne les utilise pas,

— les naturels philosophes, pervertis par l'opinion publique, se détournent de la philosophie,

— les sophistes usurpent le nom de « philosophes » et sont à l'origine de la calomnie contre la philosophie.

La perversion des naturels philosophes ne pouvant être évitée dans aucun des États existants, les philosophes doivent gouverner et imposer à la foule une bonne image de la philosophie.

3. Quelle éducation donner aux gouvernants ?

Tout ce qui précède n'était qu'une esquisse, il faut emprunter la voie la plus longue.

• Qu'est-ce qu'éduquer ?

Il manquait le plus important : de savoir en quoi tout cela était bon. La définition du Bien étant impossible pour le moment, on va procéder par images :

— le Soleil est dans le monde visible ce qu'est le Bien dans le monde intelligible,

— le sectionnement d'une Ligne permet de préciser les analogies entre le sensible et l'intelligible, les modes d'êtres et les genres de connaissance,

— l'allégorie de la Caverne figure la situation de notre nature selon qu'elle est ou non bien éduquée. Le terme de l'éducation est la saisie de l'idée du Bien, l'éducation est une conversion de l'âme.

• Les moyens d'une telle éducation : les cinq sciences propédeutiques :

— la science des nombres : l'arithmétique,

— la science des figures : la géométrie plane,

— la science des solides : la stéréométrie,

— l'astronomie,

— l'harmonie.

• Le terme de l'éducation : la dialectique

— elle saisit l'essence de chaque être intelligible (réel),

— elle doit être réservée aux naturels bien doués, préalablement éduqués et triés,

— sinon elle n'est qu'un jeu ;

— elle ne doit être abordée qu'à l'âge mûr.

Après ce long détour, le troisième paradoxe, celui des gouvernants philosophes, est justifié, et l'État juste comme l'homme juste est achevé.

3. L'injustice : ses formes dans la cité et dans l'individu (Livres VIII à X)

a) La corruption de l'État idéal et ses étapes.

Il peut être soit monarchique, soit aristocratique, selon qu'il est gouverné par un ou plusieurs philosophes. Comment se corrompt-il ?

— tout ce qui est né peut être corrompu,

— la source de la corruption : les chefs organiseront les mariages à contretemps, il ne naîtra plus de « naturels philosophes ».

1. La timocratie

— la gymnastique prend le pas sur la culture,

— gouvernants et gardiens s'approprient les biens des artisans et des agriculteurs qui deviennent leurs serfs.

L'homme timocratique : il est gouverné par l'énergie, la passion de la gloire et des honneurs. Il est capable d'apprécier la culture, mais non de créer. Il est dur envers ses esclaves, doux avec ses égaux.

2. L'oligarchie

— la cause du passage de la timocratie à l'oligarchie : l'enrichissement,

— le pouvoir va aux riches,

— la cité se divise en deux : il y a l'état des riches et l'état des pauvres, toujours en lutte,

— plus les riches s'enrichissent, plus les pauvres s'appauvrissent et deviennent dangereux pour l'État qui doit les tenir par la force.

L'homme oligarchique : il estime l'argent par-dessus tout. Il est divisé, mais tous ses désirs de plaisir cèdent finalement devant son désir de s'enrichir. Il conserve une apparence de tempérance.

3. La démocratie

— la cause du passage à la démocratie : la nullité des riches les fait mépriser par les pauvres qui saisissent la première occasion pour se révolter ;

— la démocratie n'est pas un régime mais une mosaïque de tous les régimes possibles,

— nul n'est tenu de commander ni d'obéir : c'est un régime de « liberté » totale, d'égalité sans discernement.

L'homme démocratique : alors que l'homme oligarchique ne satisfaisait que les désirs nécessaires, l'homme démocratique les satisfait tous, nécessaires et non nécessaires, au hasard, et successivement. Tour à tour tempérant et intempérant, il fait un peu de tout, en dilettante.

4. La tyrannie

— cause du passage : l'excès de liberté et le mépris des lois,

— un excès amène l'excès contraire, la licence appelle la servitude,

— le peuple choisit pour le défendre contre les riches un homme à qui il accorde tous les pouvoirs et une garde personnelle. Le tyran accroît cette armée et la retourne contre le peuple.

L'homme tyrannique : il est dominé par une troisième espèce de désirs, les désirs déréglés. Il est tyrannisé par *erôs*, et il extermine tout ce qui pourrait faire obstacle à son désir amoureux.

b) De l'homme royal (du philosophe) ou du tyran, lequel est le plus heureux ?

Premier argument (politique) : selon l'analogie entre la structure de l'âme et celle de l'État, l'homme tyrannique, tyrannisé par ses désirs et ses peurs, est le plus malheureux.

Deuxième argument (psychologique) : selon la tripartition de l'âme, il y a trois sortes de plaisirs et de désirs. Le philosophe est seul capable de juger quel est le plaisir le plus haut, car seul il a l'expérience des trois espèces de plaisirs.

Troisième argument (philosophique) : le plaisir de penser est le seul vrai plaisir. A la différence des autres il est pur, c'est-à-dire non mêlé de douleur. Le tyran est donc celui qui est le plus éloigné du vrai plaisir, et par conséquent aussi du bonheur. La justice est plus avantageuse que l'injustice.

c) La principale cause de l'injustice, la mauvaise éducation :

— ce sont les poètes, les artistes, qui éduquent en fait,

— or la poésie est un art d'illusion. Elle imite non pas la réalité mais l'apparence, et elle imite sans savoir ;

— la poésie est l'art de produire un effet dans l'âme en flattant sa partie la plus déraisonnable.

Conclusion

Même l'injustice ne possède pas la puissance de détruire l'âme : l'âme est immortelle. Si elle l'est, quelle est alors pour elle la vie qui vaut le mieux ?

Le *mythe d'Er*, mythe du choix de la destinée des âmes, répond à cette question.

PREMIER CHAPITRE

La position du problème et les deux préalables
(504 a-507 c)

1. Position du problème (504 a-505 b)

Insuffisance de la définition précédente des vertus : une science est nécessaire pour les définir avec exactitude (504 a-c).

Insuffisance de la première éducation des gardiens : il existe une science plus haute, et qui leur est propre (504 d-e).

Quelle est cette science, et quel en est l'objet ?

Thèse de Socrate : son objet, c'est l'idée du Bien car, faute de la connaissance du Bien, rien, et même pas la justice, ne peut servir à rien (504 e-505 b).

• ***Ce qui manquait : la science du Bien.***

Au Livre IV, après avoir découvert les trois principes d'action en l'âme : l'appétit, l'énergie et la raison, on a pu donner une définition des vertus. Si la sagesse est la vertu propre de la raison, le courage celle de l'énergie, la tempérance va contre l'appétit en le subordonnant aux deux autres parties de l'âme, en le réglant. La justice, elle, n'est pas une vertu correspondant à une partie de l'âme, elle est la vertu de l'ensemble, elle est le propre d'un tout bien constitué. Dans une âme et dans un État bien organisés, chaque élément fait la tâche qui lui est propre sans usurper une fonction qui ne lui appartient pas. La justice est cette bonne organisation, cet ordre, cette proportion réglée. La définition semblait satisfaisante : à la fin de ce Livre VI, Socrate affirme pourtant que ce n'était qu'une approche imparfaite, une esquisse, manquant d'exactitude et de « fini » (*akribeia*). C'est qu'entre-temps, cherchant à définir le philosophe, Socrate a précisé la distinction entre l'opinion et le savoir (V, 476 c-480 a). L'opinion peut être vraie ou fausse, le savoir est toujours vrai. Ayant des effets différents, le savoir et l'opinion sont donc deux « puissances » de connaissance différentes et n'ont pas les mêmes objets. Le savoir porte sur ce qui est véritablement, et qui est toujours ce qu'il est, l'opinion sur un mélange d'être et de non-être, sur la multiplicité changeante des apparences. Elle peut néanmoins, par hasard ou quand elle est bien dirigée, être conforme à ce qui est, être droite. Or, telles qu'on les a définies au Livre IV, les vertus de l'âme et de l'État ne peuvent être que des vertus découlant d'une opinion droite. En effet, on sait comment se conduire pour être sage, courageux, tempérant ou juste, mais on ne sait pas pourquoi il vaut mieux être vertueux que ne pas l'être — on ne sait pas en quoi la vertu est bonne —, et l'on croit possible d'être courageux sans être sage ou tempérant sans être juste — on ignore l'unité de la vertu. Il manque donc un savoir, une certaine espèce de savoir, capable d'embrasser l'unité et d'en comprendre la valeur. Ce savoir est le savoir qui convient en propre au gardien philosophe et guerrier, et il constitue le terme de son éducation. La science la plus haute doit avoir l'objet le plus important, qui est tel parce qu'il confère à tous les autres savoirs, à toutes les activités humaines, leur utilité, à toutes les vertus leurs avantages : c'est le Bien. Faute d'une connaissance du Bien, d'un savoir solide de ce qui est vraiment bon, rien ne peut valoir absolument mais chaque chose peut, selon les circonstances, les individus, les hasards, les préférences, valoir mieux, ou valoir moins. La définition du juste n'était pas fausse ; c'était une définition obtenue à l'aide d'un raisonnement de type mathématique tel que, connaissant trois termes, on pouvait découvrir le quatrième terme inconnu. Mais elle manquait de la véritable intelligence de la justice : définir la justice, ce n'est pas en énoncer la définition, c'est comprendre en quoi elle est, absolument, bonne ou mauvaise, utile ou inutile. Sans cette compréhension, on peut se comporter justement, tant en public qu'en privé, mais on ne peut rigoureusement, être vraiment juste.

• ***Conséquences de ce manque.***

Le plus important manque : le savoir de ce qui est bon. Quelles sont, de ce manque, les conséquences ? A la fin d'un dialogue antérieur à la *République*, le *Charmide* (172c-175a), Socrate rêve. Il rêve d'un État dans lequel tous seraient compétents, dans lequel il n'y aurait ni charlatan, ni imposteur, ni mauvais médecin, ni mauvais pilote, où tous seraient d'authentiques professionnels ayant en réalité les connaissances qu'ils prétendent avoir. L'espèce humaine aurait alors « une activité et une existence conformes au savoir ». De ce fait, elle serait garantie contre tous les dangers. En serait-elle pour autant heureuse ?

Pour répondre à cette curieuse question, Socrate pousse son rêve jusqu'au bout. Il imagine un homme qui non seulement aurait tous les savoirs mais aurait aussi la connaissance entière du passé, du présent et du futur, un homme qui par conséquent n'ignorerait rien. Quel est alors, se demande-t-il, parmi tous les savoirs que possède cet homme, le savoir qui lui procurerait le bonheur ? Ce ne serait aucune de ses connaissances particulières à elle seule, mais le savoir de ce qui en chacune d'elles est vraiment *utile*. Socrate nomme cette connaissance *la science du bien et du mal*. Ce n'est donc pas une existence conforme à tous les savoirs, ni même la possession de tous les savoirs, qui contribue au bonheur : c'est l'unique savoir, celui qui consiste à discerner l'utile de l'inutile, ce qui vaut vraiment de ce qui ne vaut rien, en un mot la science de ce qui est *bon*. Cependant, en l'absence de cet unique savoir, tous les autres savoirs n'en continuent pas moins de fonctionner : le pilote mène son navire à bon port, le médecin guérit, le cordonnier fabrique de bonnes chaussures ; mais chaque science comme chaque activité s'exerce sans savoir pourquoi elle s'exerce, son fonctionnement est un automatisme. Chacun produit pour produire, sans savoir quel usage sera fait de ce qu'il aura produit, ni si ce qu'il a produit aura une utilité. Or aucune chose n'est bonne en elle-même : elle n'est bonne que si l'on peut en user, et en bien user. Une *science de l'usage* est nécessairement toujours plus haute qu'une science de la production : c'est le musicien, celui qui se sert de la lyre, qui est le seul juge de sa qualité, de même que seul le tisserand peut apprécier si la navette a été bien faite. La science qui déterminerait dans un État quelles activités et quels savoirs sont utiles, et qui établirait une hiérarchie entre ces savoirs et ces activités, serait la science de l'usage par excellence. Science de l'usage de toutes les autres sciences et de toutes les autres activités, une telle science serait aussi *la science des fins*, de ce qu'un État et un homme doivent se proposer. Or qui dans les États existants détermine ce qu'il faut faire, ce qu'il faut être, qui en un mot définit ce qui est juste ? Qui décide de ce qu'il convient à un État de décréter, à un homme d'entreprendre et de réussir ? Ce ne sont, à vrai dire, même pas les politiques, même pas les écrivains ni les artistes, mais c'est le plus grand nombre qui, transmettant les valeurs, éduque, et est de ce fait « le plus grand des sophistes ». L'opinion générale décide que seuls les plaisirs sont agréables, que la mort est le plus grand des maux, que l'argent mesure la réussite et la capacité ; en un mot elle pose les fins, elle pose ce qu'il faut rechercher pour être heureux : le plaisir, l'argent, la gloire, comme elle pose ce qu'il faut fuir. Elle nous persuade de ce que nous devons tenir pour bon et pour mauvais. En l'absence d'une connaissance véritable, l'opinion définit le Bien. C'est donc d'abord à elle que le philosophe doit s'attaquer, elle qu'il lui faut remettre en question.

• ***L'utilité propre d'une telle science.***

Sans la science du Bien, rien en effet ne peut être utile. Mais « utile » a deux sens : on peut juger utile ce qui a des conséquences avantageuses dans la pratique, ce qui se révèle immédiatement utilisable. C'est le seul sens que reconnaisse l'opinion du plus grand nombre. Platon retourne ici le terme en lui conférant une tout autre signification : est utile ce qui permet de sauvegarder en l'homme sa plus haute fonction, ce qui en fait précisément un homme. Sa plus haute puissance, capacité (*dunamis*), est l'intelligence parce que seule elle peut comprendre, connaître la vérité de quoi que ce soit. Ces deux espèces d'utilité sont recherchées par deux espèces de désir bien différentes. C'est en effet le désir qui, en dernier ressort, est le juge de l'utilité : je reconnais utile ce qui me permet de satisfaire une certaine manière de désirer. Mais, selon Platon, il n'existe pas qu'une manière de désirer. Ce que tous entendent par désir, c'est la douleur d'un manque, et le mouvement qui tend à dépasser ce manque pour se procurer les objets capables de combler le vide, de faire cesser la douleur de l'appétit. Le manque renaissant nécessairement, il faudra à nouveau se procurer les objets de sa satisfaction. Soumise à cette espèce de désir (la faim, la soif, l'appétit sexuel, et aussi tous les désirs « non nécessaires » qui nous portent vers une multiplicité quasi illimitée d'objets), la vie entière ne sera qu'un cycle monotone de vides et de réplétions, de satisfactions illusoires et provisoires, « vie de tonneau percé » disait Socrate dans le *Gorgias* (493 e-494 c). Cette vie n'a pas d'autre avenir que la répétition, d'autre fin que sa propre conservation, avec le moins de douleur possible et le plus grand nombre de petits plaisirs possible. Elle est un calcul sordide, elle ne fait qu'échanger sans cesse des plaisirs moins grands contre des plaisirs plus grands, des peines plus grandes contre de moindres peines, des plaisirs présents contre des peines à venir (*Phédon,* 69 a). Il y a cependant une tout autre manière de désirer, qui ne consiste plus à attendre sa satisfaction de la possession d'un objet, mais à chercher à enfanter un peu de beauté, d'exactitude : désir de donner et non plus désir de prendre, désir de devenir plus inventif, de faire ce qu'on n'avait pas encore fait, de penser ce qu'on n'avait pas encore pensé. Il y a du plaisir à penser parce que la pensée comporte un avenir, une générosité. Et la pensée en ce sens est un désir, désir de continuer à penser, désir de sa propre perpétuité. Les plaisirs ne sont pas tout le plaisir, ni les désirs la seule manière de désirer. Or à chacune de ces sortes de désir correspond une utilité : la première consiste à mettre en œuvre tous les moyens de produire des objets, d'élaborer des techniques capables de satisfaire les besoins et les appétits. La seconde consiste à donner à un individu et à un État, les moyens de comprendre et d'apprécier ce qui les rendra vraiment heureux. Chaque État se juge au modèle d'homme qu'il propose, à ce qu'il définit comme un homme réussi, un homme qui a « réussi ». Dans tous les États existants, on ne reconnaît aux hommes qu'une espèce de désir, on ne s'organise qu'en fonction d'un seul type d'utilité. Un État juste serait un État où l'homme pourrait faire autre chose que combler ses besoins et satisfaire ses appétits, un État qui ferait aussi sa place à l'intelligence. Car l'intelligence a son utilité propre, qui d'abord consiste à pouvoir déterminer ce qu'est la véritable utilité. Le gardien de l'État juste devra donc être capable de réfléchir à ce qui est authentiquement utile, bon, et de le définir. Il devra avoir la science du Bien et, comme il représente dans l'État la partie intelligente, cette science est celle qui lui convient en propre. On ne sait pas encore en quoi consiste cette science la plus haute, mais on sait au moins qu'elle sera capable de connaître le Bien.

2. Les deux préalables (VI 505 b-507 c)

La réfutation des deux thèses qui s'affrontent à propos du Bien aboutit à une première distinction préalable : celle de l'apparence et de la réalité (505 b-506 b).

L'examen de la nature du Bien est impossible pour l'instant : on va en donner une image (506 b-507 a).

Auparavant, il faut rappeler une seconde distinction : celle du multiple et de l'un (507 a-507 c).

• ***Les deux thèses sur le Bien.***

La nature du Bien donne lieu à des controverses que Platon ramène à deux thèses opposées : celle du plus grand nombre, et celle des raffinés (par là Platon vise les philosophes mégariques dont l'école, fondée par Euclide à Mégare au IVe siècle, s'inspirait de Zénon d'Elée et de Socrate). A vrai dire, le plus grand nombre ne soutient pas de thèse, mais se comporte comme s'il savait ce qu'était le Bien. Tous recherchent ce qui leur semble bon, et leur semble bon ce qui leur fait plaisir. Mais il existe des plaisirs mauvais, pris à des choses qui à la fois sont agréables (« bonnes ») et nuisibles (« mauvaises »). Certains plaisirs peuvent donc être bons, mais le plaisir ne peut s'identifier au Bien, puisque tout plaisir n'est pas bon. Pourquoi cette identification du Bien et du plaisir, du bon et de l'agréable ? Le vulgaire se trompe, mais il ne se trompe pas complètement : le Bien et le plaisir ont en commun d'être une expérience irréductible, qui résiste à toute persuasion. On aura beau me démontrer que je devrais éprouver du plaisir, ou que je n'en éprouve pas quand j'en éprouve, mon expérience résiste ; je sais bien que le plaisir est plaisant, qu'il est là ou qu'il n'est pas là. Le Bien et le plaisir sont tous deux ce au sujet de quoi on ne se contente pas de l'apparence : on en recherche la réalité. Sur ce point au moins on ne fait aucun cas de l'apparence, de l'opinion des autres. Il y a donc une raison à cette confusion entre le plaisir et le Bien : n'importe qui fait la distinction entre ce qu'on lui donne pour agréable et l'expérience qui lui est propre de ce qu'il trouve agréable ; de même, quand il s'agit du Bien, je sais clairement faire la distinction entre ce qu'on me représente pour bon (une boisson, par exemple) et ce qui m'est réellement bon (le remède, même amer, qui m'a guéri). Quand il s'agit du Bien et du plaisir, la distinction entre l'apparence et la réalité, l'opinion et la vérité, est une distinction que tous opèrent, mais sans le savoir. Parce que c'est toujours le bien dans sa réalité qu'on recherche, les raffinés identifient, pour leur part, le Bien à la pensée, à la réflexion. La réflexion est « bonne » puisqu'elle a le pouvoir de discerner l'apparence de la réalité, et l'opinion du savoir. Mais l'apparence de quoi, l'opinion sur quoi ? Et les raffinés sont contraints de répondre : sur ce qui est bon. La pensée est bonne, certes, mais elle ne peut pas non plus s'identifier au Bien puisqu'elle est « bonne » précisément à connaître le Bien. Le vulgaire et les raffinés commettent la même erreur : chacun identifie ce qui lui semble être la « meilleure des choses » (plaisir ou pensée) au Bien, sans voir que c'est du Bien que toute chose tient sa valeur, et qu'elle en est donc distincte. Les deux thèses, la vulgaire et la raffinée, sont donc repoussées. On a au moins, par leur rapide réfutation, appris quelque chose : que, lorsqu'il s'agit du Bien, tous établissent une distinction qu'ils n'admettent peut-être pas sur d'autres points, la distinction entre l'apparent et le réel, l'opinion (*doxa*) et le savoir. Tous désirent un Bien qui leur soit *réellement* bon, c'est-à-dire utile, avantageux, et pourtant ils n'ont là-dessus aucune certitude, aucune solide croyance, seul le hasard des expériences leur permet, après coup, de juger.

• ***Le Bien a l'unité d'une Idée.***

A la question d'Adimante : « Mais toi, Socrate, quel parti prends-tu ? Le Bien est-il la science, le plaisir, ou autre chose encore ? », Socrate répond qu'il n'est pas juste de parler sur ce qu'on ne sait pas comme si on le savait. Il refuse donc d'ajouter une troisième opinion aux deux précédentes, comme de faire sienne l'une des deux précédentes. Car même si son opinion à lui risque d'être « droite », ce ne sera encore qu'une opinion, non pas un savoir, et comme telle elle n'aura pas la véritable intelligence (*noûs*) de son objet. Pressé alors par Glaucon (qui sera son interlocuteur jusqu'à la fin du Livre VII), il oppose que la définition de la nature du Bien dépasse ses forces, et que le Bien lui semble trop haut pour l'élan qui est à présent le sien. Socrate objecte donc à Adimante qu'il ne sait pas ce qu'est le Bien, et à Glaucon que ce n'est ni le moment, ni le lieu de rechercher son essence. Il ne le sait pas, puisqu'il est impossible de savoir ce qu'on n'a pas commencé par rechercher en interrogeant et en répondant. Il laissera là cette recherche parce qu'il suffit, pour justifier le paradoxe des philosophes gouvernants, d'établir qu'il y a le Bien, et que c'est une idée, un objet de savoir. Dans le *Philèbe*, lorsque Platon abordera de front le problème de la nature du Bien, il partira semblablement des deux thèses qui s'affrontent à son propos mais, au début du dialogue (11 b), il prêtera à Socrate la thèse des Mégariques : le Bien c'est la pensée, l'intelligence et tout ce qui leur est apparenté. Or lorsque deux opinions s'affirment avec une force égale, la discussion se paralyse, le mouvement du dialogue s'arrête. Un dieu « envoie alors souvenance » à Socrate (*Philèbe,* 20 b) que le Bien n'est ni l'un ni l'autre de ces deux termes, mais un troisième, distinct, et qui vaut mieux que tous les deux. La recherche peut alors reprendre. Cette « réminiscence », cette inspiration qui confère un élan suffisant pour dépasser les deux positions en présence, est ce qui fait défaut à ce passage de la *République*. Car d'une part le mouvement de la dialectique qui consiste à chercher l'essence est absent de la *République*, toute entière consacrée à la constitution d'un modèle, et non à la définition d'une Forme ; et d'autre part la « voie la plus longue », nécessaire pour justifier le gouvernement des philosophes et achever l'État idéal, serait vraiment trop longue. Socrate va donc se contenter d'indiquer en quoi consiste le « rejeton », l'image la plus ressemblante, du Bien. Mais il lui faut d'abord établir une seconde distinction, celle du multiple et de l'un.

A côté de la multiplicité des choses (belles ou bonnes) qui nous sont données par l'expérience et que nous distinguons par le langage, nous posons l'existence d'un beau, d'un bien « déterminés ». Nous posons alors l'unité, sous ce rapport, d'une certaine multiplicité de choses ; cette unité est une idée (*idea*), elle nous permet de dénommer d'une même façon des choses différentes ; nous la posons comme unique, et nous l'appelons « ce que cela est ». Elle ne peut être l'ensemble des caractères communs, généraux, que l'on aurait abstraits à partir d'une multiplicité de choses données, puisqu'il faut bien évidemment avoir déjà une « idée » du bien ou du beau pour nommer une chose belle ou bonne. Le texte n'en dit pas plus : il se contente de rappeler une différence déjà utilisée (*cf.* par exemple, dans la *République* même, V, 476 a, VI, 493 e). Le sensible ne nous présente jamais que du multiple, et des unités qui sont elles-mêmes multiples, décomposables en parties et dont l'unité est toute relative à la multiplicité considérée ; alors que l'unité véritable, à la fois unique et indécomposable, n'est accessible qu'à la pensée, elle est *idea*. C'est à cette « idée » que nous nous référons lorsque nous affirmons qu'une chose *est* telle ou telle, que *c'est* un triangle par exemple, ou qu'une statue *est* belle, sinon, en toute rigueur, nous ne pourrions employer que le terme « devenir » (cet enfant est devenu un homme, ce morceau de bois table). Or, le Bien est une unité de ce type, c'est une Idée, une réalité intelligible. Il ne s'identifie donc ni à l'expérience de l'agréable, ni à l'activité de la pensée, mais seule la pensée peut saisir ce qu'il est. Il s'agit, dans ce second préalable, de *réserver* la connaissance du Bien, de la réserver au seul savoir capable de définir quelque

Idée que ce soit — la dialectique — et au seul homme capable d'un tel savoir — le philosophe.

Les deux préalables ont servi à établir une suite de distinctions : entre l'apparence et la réalité, donc entre l'opinion (qui ne porte jamais que sur l'apparence) et le savoir (qui atteint la réalité) ; entre la multiplicité et l'unité, donc entre le sensible (qui ne nous offrira jamais que du multiple) et l'intelligible (dont l'unité est saisissable par la pensée seule). Ces distinctions ont permis d'établir que le Bien était de l'ordre de ce qui comporte une unité réelle, qu'il n'était ni la succession de ses apparaîtres (les biens), ni une chose changeante, variable, subjective (mon opinion sur lui). Puisqu'il existe une Idée du Bien, un savoir en est nécessaire, et ce savoir, parce qu'il porte sur l'objet le plus important, sera le savoir le plus haut.

• ***L'Idée du Bien : le problème de son privilège.***

En effet, si le Bien est une Idée qui, comme toutes les autres, est l'objet d'un savoir, cette idée a, dans la *République*, un statut privilégié. Il faut remarquer tout d'abord que ce n'est pas l'unique fois où Platon, dans un dialogue, donne à une idée un privilège par rapport à toutes les autres. Dans le *Phèdre*, la Beauté, à la différence de la Justice par exemple, a le pouvoir d'apparaître comme elle est. Si l'on peut se tromper sur ce qui est juste, prendre une apparence de justice pour de la Justice, nommer par conséquent à tort l'injuste juste, on ne peut se tromper sur ce qui est beau : est beau ce qui possède la puissance d'éveiller le désir, l'amour (*erôs*), ce qui me fait sortir de moi-même, m'*enthousiasme*, me pousse à délirer. Tout amoureux délire un peu, tout discours amoureux est un discours qui rompt avec l'usage quotidien du langage. La Beauté a donc ce privilège de se manifester comme elle est vraiment dans tous ses apparaîtres, elle laisse transparaître de l'intelligible dans tous les objets sensibles auxquels elle est présente. La Beauté réalise immédiatement la participation, c'est-à-dire la présence d'un sens, d'une unité, d'une Forme, à une multiplicité sensible. Si tel est le privilège de ce que Platon nomme le Beau en soi, la Forme du Beau, quel est alors celui du Bien, de l'*Idea* du Bien ? Pour nous le faire saisir, Platon va se servir successivement de trois images, dont il commence par nous dire que ce ne sont que des images : celle du « rejeton » du Bien, celle de la Ligne, et celle de la Caverne.

DEUXIÈME CHAPITRE

Les trois images
(VI 507 c — VII 521 b)

L'analogie avec le soleil : il est au visible ce que le Bien est à l'intelligible (506 c — 509 d).

Le sectionnement de la Ligne : les quatre modes de la connaissance (509 d — 511 e).

L'allégorie de la Caverne :
— l'allégorie proprement dite (VII 514a — 517a)
— son interprétation (517 a — 518b)
— ses conclusions (518 b — 521 b) :
• la véritable éducation est conversion de l'âme.
• le pouvoir doit être remis aux hommes arrivés au terme de l'éducation : aux philosophes.
• il faut contraindre les philosophes à gouverner.

• *L'analogue du Bien : le Soleil.*

La première image fonctionne comme une analogie. Platon prend le terme *analogie* dans son sens mathématique : il désigne un rapport, une proportion, de la forme $\frac{a}{b} = \frac{c}{d}$. L'analogie désigne une *identité de rapport* entre quatre termes pris deux à deux, qui n'ont entre eux aucun autre rapport, aucune *ressemblance*. De même que la vision requiert non pas deux termes — l'œil et les choses visibles (couleurs et formes) — mais trois : la lumière est ce lien nécessaire pour que l'œil voie et que le visible soit vu ; de même la connaissance suppose, non pas deux, mais trois conditions. Il faut une faculté de connaître (l'âme), des objets connus, et un lien qui les unisse : la vérité. Or la source, la cause de la lumière, c'est le soleil. Le Bien sera donc à la vérité ce que le soleil est à la lumière : il en est la source, la cause, et il ne se confond pas avec elle. Il s'agit d'une analogie et non pas d'une ressemblance naturelle entre le Bien et le soleil, ce qui appellerait une comparaison. Le Bien et le soleil ont la même *fonction*, c'est en cela, et en cela seulement qu'on peut les rapprocher. Leur fonction consiste à être la cause permettant à une faculté de s'exercer, et la cause qui procure à cette faculté ses objets. Le soleil est cause de la lumière qui, rendant visible le visible, permet à l'œil de voir ; le Bien est cause de la vérité qui procure des objets intelligibles, connaissables, compréhensibles, à l'intelligence. De même que l'œil est de tous les organes des sens celui « qui a le plus l'aspect du soleil » (il est *helioeidès*), que la pupille et l'iris sont dans l'œil comme un petit soleil, que tout se passe donc comme si le soleil avait produit, pour être vu, un organe à sa semblance, de même le savoir a « l'aspect du Bien » (il est *agathoeidès*), il est *un* bien, mais il n'est pas, comme le prétendent les raffinés, le Bien. Or seul ce qui est bon et offre une parenté d'aspect avec le Bien peut connaître le Bien. Pour préciser *de quoi* et *comment* le Bien est cause, Platon va poursuivre son analogie : en voyant, l'œil exerce sa puissance de voir. Cette puissance, il peut l'exercer parfaitement en discernant nettement les contours, en distinguant avec précision les couleurs. Mais pour cet exercice pur, parfait, il faut la grande lumière du jour, la présence du soleil. La vision nocturne est au contraire une vision presque totalement privée de son pouvoir, une vision presque aveugle. Il en va de même pour l'âme : quand l'âme se tourne vers un objet que la vérité et l'être réel éclairent, elle connaît, elle est intelligente. Quand elle se tourne vers ce qui naît et périt (vers le monde de toutes les choses changeantes qui est le monde ordinaire des hommes), elle est privée de connaissance, d'intelligence, sa faculté de connaissance n'est plus qu'une faculté imparfaite, aveugle, privée de son véritable pouvoir. L'âme ne forme alors que des opinions aussi changeantes que les objets sur lesquels elles portent. L'analogie se précise donc à l'aide d'une distinction supplémentaire entre perfection et (quasi) privation. La connaissance ne connaît pleinement, parfaitement, que des objets toujours « vrais », et qui en ce sens sont toujours et pleinement ce qu'ils sont, comme l'œil ne voit parfaitement que ce qui est bien éclairé. En l'absence de la vérité on peut affirmer tantôt une chose, tantôt une autre, être sensible plutôt à un aspect qu'à un autre. Les objets qui naissent et périssent, qui sont soumis au devenir, à la succession, au changement, autorisent à leur propos une multitude d'affirmations selon le moment, le lieu, selon ce qui nous intéresse. Ces objets nous sont donnés par l'intermédiaire de nos sensations, mais de fait nous ne voyons qu'exceptionnellement des couleurs, n'entendons qu'exceptionnellement des sons ; nous voyons des choses et des gens, nous entendons des paroles ou de la musique. Nos sensations sont immédiatement interprétées en fonction de ce que nous savons déjà, et en fonction de ce qui nous est agréable ou désagréable, utile ou inutile. Elles sont tout imprégnées d'opinions, le monde « sensible » n'est jamais que l'interprétation de quelques données sensibles à l'aide d'opinions que nous projetons sur ce monde. Il est impossible, dans le monde tel que nous le vivons, de séparer ce qui revient aux sens de ce qui revient à nos opinions, à nos besoins, nos désirs, nos intérêts. L'opinion est ce qui se produit en l'âme à la lueur nocturne du devenir, du changement, de la vie, avec tout ce que cette dernière implique de besoin et de désir. L'intelligence au contraire est la saisie de ce qui est pleinement et toujours « en vérité ». Les objets appréhendés par l'intelligence sont totalement intelligibles, ce sont des Formes soustraites à la multiplicité et au devenir. On aperçoit alors aussitôt la limite de cette analogie entre le Bien et son rejeton, le Soleil, entre le visible et l'intelligible. Pour faire comprendre la nature d'une Forme, donc d'une réalité purement intelligible, Socrate a employé une image : celle du Soleil, de sa lumière, de l'œil et des objets visibles. Cette image semble, parce qu'elle est facile à comprendre, permettre la saisie de quelque chose de plus difficile et de plus obscur : la nature du Bien. Mais à la fin de cette analogie tout se retourne, et la clarté change de camp. Car c'est dans la mesure où nous désirons comprendre, donc sortir de l'opinion, que nous prouvons par là-même l'existence du Bien. Ce qui est bien, c'est que l'âme puisse connaître autrement que par opinion, que la pensée soit autre chose qu'une succession de jugements discutables, variables, subjectifs. Ce qui est bien, c'est donc d'abord que l'intelligence soit, que l'âme puisse exercer parfaitement son pouvoir de connaître parfaitement, et non pas seulement aveuglément comme elle le fait quand elle « opine ». La science propre à l'intelligence est différente de la connaissance par opinion : cela suffit, en fait, à établir l'existence et la puissance du Bien. Nous ne sommes pas condamnés à l'opinion, nous pouvons penser, atteindre quelque chose de l'Être et de la Vérité, et le Bien est au principe de cette possibilité.

• ***De quoi le Bien est-il cause ?***

Que peut bien vouloir dire Platon lorsqu'il affirme que le Bien est cause, et de quoi le Bien pourrait-il être cause ? Le Bien « procure », « fournit » la science et la vérité : comment les procure-t-il ? Pour répondre à cette question, Socrate poursuit son analogie avec le soleil.

Il établit (508 e-509 b) :

1) que l'idée du Bien est cause de la vérité pour les objets de connaissance, et de la puissance de connaître dans le sujet : en vertu de la ressemblance entre la cause et l'effet, la connaissance et la vérité ont « la forme du Bien » ;

2) mais que connaissance et vérité sont pourtant de moindre valeur et de moindre dignité que lui (509 a-b).

1. Les objets de connaissance « ressemblent » au Bien, ils en ont la forme, l'aspect, en tant qu'ils sont connus

comme vrais. Et la puissance de connaître à son tour ressemble au Bien en tant qu'elle exerce en acte son activité de connaissance. De la même façon, la vision en acte ne s'exerce dans sa perfection que lorsque deux lumières dérivées, l'une émanant de l'œil et l'autre des objets visibles, se rencontrent. L'œil et les choses visibles sont bien « semblables au soleil » en tant qu'ils sont tous deux sources de lumière, mais d'une lumière empruntée, puisque la seule véritable source de lumière, c'est le soleil. De la même façon, la science (la capacité de connaître) et la vérité des objets connus sont sources de bien, de valeur, mais elles dérivent toutes deux leur valeur d'un principe plus haut qui est le Bien. Il n'y a donc pas de différence entre la valeur, la « bonté » d'un objet de connaissance, et sa vérité. Quand il est connu comme vrai, il est bon, c'est-à-dire utile. Pareillement, quand le sujet connaît vraiment, quand il sait, il est bon, il vaut quelque chose. Le sujet de la connaissance, c'est l'âme, tout comme l'œil est le sujet de la vision. Cependant, de même qu'il y a en l'œil plusieurs organes qui ne contribuent pas également à l'acte de voir, de même il y a dans l'âme plusieurs « parties » qui ne concourent pas également à l'acte de connaître. L'intelligence est en l'âme ce qui lui permet d'exercer pleinement et parfaitement son pouvoir de connaître. Ce qui rend l'âme « semblable au bien », ce qui lui confère la forme du Bien, c'est qu'elle ne se contente pas de l'opinion mais se sert de son intelligence, qu'elle entre dans la sphère du savoir. Le Bien est donc ici la cause de la perfection de l'acte de connaître, perfection qui implique que le sujet mette en œuvre un savoir capable d'atteindre le vrai. Le Bien est ainsi la cause qui permet aux objets de connaissance d'être *vraiment* connus, connus comme *vrais*, et à la faculté de connaître d'exercer « bien » son pouvoir, qui consiste à *savoir* et non pas à *opiner* (tout comme le Soleil permettait à l'œil de « bien » voir et aux objets visibles d'être clairement discernés). Mais en l'absence du soleil, comme en celle du Bien, il n'y a pas privation totale : de même que mal voir, discerner avec peine, n'est pas identique à être aveugle, de même former des opinions, « mal » connaître et mal penser, ne peut s'identifier à la totale ignorance.

2. En ce qui concerne les objets de connaissance, le Bien est non seulement cause du fait qu'ils sont connus, mais aussi du fait qu'ils possèdent être et essence (*ousia* : une manière d'être qui leur soit propre), bien que le Bien ne soit pas lui-même une essence *(ousia)* mais que « par-delà l'essence, il la surpasse encore en dignité et en puissance »[1]. Le paragraphe précédent rattachait le Bien à l'acte de la connaissance, et y reconnaissait, par analogie avec le soleil, la cause de la perfection de cette activité. Il faut poursuivre l'analogie : le soleil est aussi pour les objets visibles la cause de leur devenir, de leur « genèse », de leur accroissement, bien qu'il ne soit pas lui-même « devenir » (le même mot grec : *genesis*, signifie « genèse » et « devenir »). Le soleil est donc à la fois un objet visible, partageant la nature commune à tous les objets de cette sorte, et il est en ce sens « en devenir » ; cependant, étant la cause du devenir, de la croissance de toutes les choses visibles, il en est radicalement distinct. Il semble alors raisonnable de penser que le Bien a dans le domaine intelligible le même statut double que le soleil dans le monde visible : en tant qu'il est un objet de connaissance, il est une Forme, il est intelligible de la même manière, par les mêmes démarches de savoir, que toutes les autres Formes. A la fin du Livre VII, le dialecticien aura pour tâche essentielle de définir ce qu'est le Bien, et cette définition est présentée comme possible,

1. Cette formulation du Bien comme « par-delà l'essence » a donné lieu à de multiples interprétations. Dans cette transcendance du Bien on a cru, depuis les néoplatoniciens, reconnaître quelque chose comme une transcendance divine, comme une puissance capable d'engendrer les essences et même les existences. A l'opposé, d'autres commentateurs prétendent que cette phrase est dépourvue de sens, qu'elle est une pure figure de style, de rhétorique. Il convient selon nous de la replacer dans son contexte, et le texte lui-même dans l'ensemble de l'argumentation.

et nécessaire. Le Bien n'est donc ni inconnaissable, ni indéfinissable, ni ineffable, et nombreux sont les dialogues où, donnant des exemples de « Formes », Platon met le Bien sur le même plan que le Beau, le Juste, le Vrai, etc. Ici, toutefois, il est « par-delà l'essence » qu'il surpasse en majesté et en pouvoir. Il était aisé de comprendre en quoi le soleil, qui fait partie du monde du devenir, surpasse pourtant ce monde puisque sans sa lumière et sa chaleur les objets de ce monde n'existeraient et ne croîtraient pas. De quoi donc, analogiquement, le Bien est-il cause ? Il est cause de l'être, non pas de l'être des objets sensibles, mais de l'être des objets intelligibles. Or le propre d'un objet de savoir, d'une Forme, c'est précisément de ne pas naître ou périr, de ne pas devenir ou changer. L'intelligible *est* : il est « éternel ». De plus chaque objet intelligible est un, il n'y a qu'une idée du Beau ou du Juste, alors qu'il peut exister une multiplicité de choses belles ou justes. Cette unité est unique, elle est distincte de chacune des autres Idées, le Juste n'est pas le Beau qui n'est pas l'Égal, etc. Ceci, parce que chaque Forme est précisément ce qu'elle est, elle est identique à elle-même, et c'est cette « unicité » de l'essence que le savoir doit atteindre avec précision. Toutes ces déterminations constituent la manière d'être propre de l'intelligible : il est « éternel », il est un, il diffère des autres intelligibles dans une mesure précise, c'est une « essence ». Le Bien est cause de cette manière d'être « essentielle » de l'intelligible. En tant que le Bien est une Idée, il possède cet être et cette essence propres à tout les objets intelligibles, à toutes les Formes. Mais en tant qu'il est la cause de cette manière d'être, il est par-delà l'essence. Les Formes se distinguent « essentiellement » du sensible, et elles peuvent être connues vraiment, sues dans leur vérité : en cela se manifestent la puissance et la dignité du Bien. Étant cause de la perfection de la connaissance en acte, et cause aussi de sa possibilité en lui procurant des objets intelligibles, le Bien est cause de la connaissance. La connaissance tout entière est un effet du Bien, elle est complètement et suffisamment définie par le Bien comme cause.

• ***Comment le Bien est-il cause ?***

Dans cette analogie du Bien avec son « rejeton », le Soleil, on peut voir une conception mystique, poétique, de la source de toute existence comme de toute connaissance : c'est ce que fera Plotin, et tout le néoplatonisme après lui. On peut également, s'en tenant strictement au texte, tenter de comprendre en quoi le Bien, qui est une Forme, est aussi un principe (ce au-delà de quoi on ne peut remonter), le principe qui confère à toutes les autres Formes leur intelligibilité. A quoi tient ce privilège ? Quand il s'agit du Bien, une distinction devient évidente et indiscutable : celle de l'être et de l'apparence, et par conséquent de la science et de l'opinion. Même si l'on ne sait pas clairement *en quoi* consiste cette distinction, on sait très clairement qu'elle existe. On peut dire alors que le Bien est la cause de cette distinction : il nous contraint à accorder une réalité à autre chose qu'aux apparences, une réalité à l'essence. Dans le moindre de nos actes c'est toujours le Bien, ce qui est bon pour nous, que nous recherchons. S'il n'en allait pas ainsi, nous pourrions nous contenter de ce que nos sens et nos opinions nous fournissent, nous pourrions dénier toute existence à cette forme de réalité qui leur échappe, et qui est l'essence. Mais recherchant le Bien, recherchant quelque chose qui nous satisfasse et nous convienne vraiment, nous ne pouvons que reconnaître le caractère illusoire et trompeur de l'apparence et de l'opinion. Nous pressentons alors que le Bien ne pourrait s'atteindre que par un effort de réflexion. Rendant l'intelligence et la réflexion nécessaires, et, avec elles, la vérité, on peut dire que le Bien les engendre, les cause. L'Idée du Bien est capable de nous faire découvrir une manière d'être (l'essence) qui n'est pas sensible, à laquelle seule l'intelligence peut accéder. Elle nous amène à comprendre que c'est seulement dans la rencontre de l'intelligence avec ce type de réalité que la vérité peut exister. Le Bien « engendre » donc l'intelligence, dans sa différence d'avec l'opinion, et l'intelligible, dans sa différence d'avec l'apparence sensible ou irréfléchie. Le Bien est cause : mais *cause* ne signifie évidemment pas ici l'ensemble des conditions qui, réunies, entraînent un changement (l'apparition, la disparition ou la modification d'un phénomène). Ce genre de *causes*[1] matérielles, mécaniques, Platon s'en moque dans le *Phédon* (99 a). La véritable cause *(aitia)* enveloppe donc une « raison », elle est ce qui permet de *comprendre*. Les conditions matérielles ne sont que des conditions annexes (des *sunaitiai* : des « complices », dira plus tard le *Timée*). Le Bien est en ce sens suprêmement « cause » : il est la cause qui nous permet de saisir des différences, des distinctions, sans lesquelles nous ne pourrions rien comprendre, et nous n'aurions rien à comprendre. Le soleil est cause sensible, visible, d'objets sensibles et visibles. Le Bien est une cause, un principe intelligible, de réalités intelligibles. Mais comme la pensée et l'intelligence sont distinctes de l'opinion, ces réalités ne sont pas de simples *représentations*, des *idées* que la pensée pourrait former n'importe comment et sur lesquelles elle aurait tout pouvoir. Les *Idées* sont des *Formes*, des êtres qui offrent à la pensée une résistance. L'intelligible est « transcendant » à l'intelligence qui s'efforce de le saisir et de le définir. Il présente chez Platon la double propriété d'être parfaitement connaissable et dicible, tout en ayant une réalité (une essence, une Forme) qui exclut qu'on puisse en affirmer n'importe quoi. La « transcendance » du Bien est de cette sorte : ce n'est pas la transcendance

1. Socrate, condamné à mort, reste assis dans sa prison. Deux explications sont possibles : c'est peut-être parce que l'oscillation de ses os dans leurs emboîtements, la tension ou la distension des muscles, le rendent capable de plier ses membres... Si c'était le cas, si la cause du fait d'être assis là était simplement la capacité mécanique qu'a tout homme à s'asseoir, « il y a beau temps que ces muscles et ces os pourraient être du côté de Mégare ou de la Béotie ». La véritable cause est d'une autre sorte, il a pensé « qu'il était plus juste et plus beau d'obéir aux lois de la cité », et il a, en fonction de ce qu'il jugeait le meilleur, refusé de s'évader.

d'une cause créatrice, infiniment intelligente, absolue et inaccessible. Le Bien est « ce que toute âme recherche et ce dont elle fait la fin de tous ses actes ». Une fois convenablement, c'est-à-dire dialectiquement, connu, il deviendra principe d'action, de conduite de vie, ce qu'il faut voir « si l'on veut se conduire raisonnablement, soit en privé soit en public » (VII, 517 c). L'idée du Bien, objet de la plus haute science, — la science dialectique —, sera, une fois connue, principe d'une action réfléchie et intelligente. Or le Bien a pour fonction de faire voir qu'une certaine manière de penser, différente de l'opinion, n'est pas inutile. Elle constitue même la seule activité vraiment utile car elle nous permet de saisir ce qui nous convient, ce qui nous est bon et utile. Les philosophes ont par excellence l'usage de ce savoir dialectique. Loin d'être inutiles à la cité, ce sont les hommes qui lui sont le plus utiles, et c'est pourquoi ils doivent gouverner. Penser n'est donc pas une activité stérile et sans conséquence. Seule la pensée permettra de conférer à l'âme et à l'État une constitution juste. Socrate a repoussé la discussion dialectique sur la nature du Bien. Il a, par sa première image, établi une liaison entre le Bien comme Idée, et un certain type de savoir et de réalité. Le Bien est une Idée ; cette Idée, comme toute idée, exige qu'on la pense, elle exige une science. Elle détient en plus le pouvoir de distinguer cette science de l'opinion et de mettre en évidence la réalité particulière des objets de cette science.

• ***Le sectionnement de la Ligne.***

Il existe une certaine manière de penser qui n'a affaire qu'à de l'intelligible, qui a rompu avec les apparences sensibles ; elle n'use que du raisonnement. Cette manière de penser s'exprime dans les sciences mathématiques, et l'on pourrait croire que, lorsque Platon distingue le savoir de l'opinion, il pense à cette sorte de savoir. Pour expliquer pleinement ce qu'il entend par science, il lui est nécessaire d'opérer une nouvelle distinction. Il importe d'établir une différence entre deux manières d'accéder à l'intelligible : c'est l'objet de la seconde image, celle de la Ligne. Il faut comprendre tout d'abord que le sectionnement de la Ligne est inséparable de la discussion sur le Bien : l'image de la Ligne clôt la discussion sur le Bien du Livre VI, et elle est à nouveau reprise lors de la discussion sur la dialectique et le Bien à la fin du Livre VII (533 e-534 b). De plus il faut garder en mémoire :

1) qu'il s'agit d'une ligne continue, divisée en quatre segments dont chacun n'est qu'une partie de cette ligne ;

2) qu'à chaque section correspond à la fois un genre *(genos)* d'objets et un état *(pathèma)* de l'âme ;

3) qu'il existe entre tous les segments une relation de proportionnalité.

La ligne

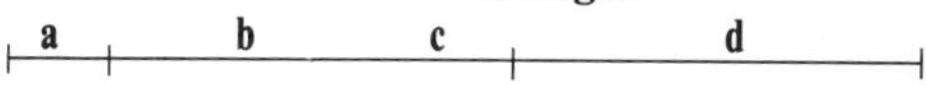

	A		B	
	le visible ou opinable		l'intelligible ou essence	
Objets	images ombres reflets	vivants objets fabriqués	objets rationnels (hypothèses)	formes intelligibles
États de l'âme	conjecture illusion *eikasia*	croyance conviction *pistis*	raison *dianoia*	intelligence science dialectique *épistémé*
	opinion *(doxa)*		pensée *(noèsis)*	

Le texte est controversé : on peut lire « en deux parties égales » ou « en deux parties inégales ». On s'accorde généralement à penser que Platon établit une division *inégale* ente les différents segments. Nous avons utilisé pour chaque division la proportion 1/3, 2/3, mais n'importe quelle autre proportion eût convenu, à la condition de vérifier le rapport A/B = a/b = c/d.

• ***Le genre du visible.***

La première grande coupure (entre A et B) divise la Ligne en deux lieux, deux genres : le visible (A) et l'invisible (B), qui figurent la partie inférieure (A) et la partie supérieure (B) de la Ligne. Cette première coupure est le résultat de l'analogie précédente. On coupe à nouveau le premier segment (A) selon le degré plus ou moins grand de clarté ou d'obscurité. On sait, grâce à l'image du Soleil, ce que signifie cette clarté : elle a un analogue dans le monde intelligible, la vérité. La seconde coupure respecte la même proportion que la première, c'est-à-dire que A : B = a : b. Dans la première section (a) de la partie inférieure (A) de la Ligne on trouve les « images » (*eikones*), et l'état correspondant de l'âme est l'illusion (*eikasia*)[1].

La seconde petite section (b) comprend les « choses » dont les images sont la semblance : les animaux, tout ce qui pousse, et les objets fabriqués. L'état de l'âme correspondant est la croyance, la conviction *(pistis)*. Prises ensemble, ces deux sections constituent le royaume du visible, de l'opinable, du devenir, et l'état de l'âme correspondant est caractérisé d'un seul mot comme opinion. Qu'entend Socrate ici par images ? « Les ombres, les reflets qui se composent à la surface de l'eau ou de tous les corps compacts, lisses et brillants, et toute réalité

1. *Eikasia* a le même radical que le mot grec signifiant « image » (*eikôn*). Étymologiquement, c'est la faculté d'appréhender des images. Mais en français le terme « imagination » est équivoque : il ne signifie pas seulement penser en images ou par images, mais faire preuve d'invention, de fantaisie, entrer dans un domaine de fictions s'opposant à la réalité effective. Quand on « imagine » en ce second sens, on sait en général fort bien qu'on imagine, qu'on n'est pas dans le réel. Ce n'est pas ce que veut dire ici Platon puisque celui qui est dans un état d'*eikasia* ne fait pas la différence entre l'image et la réalité, qu'il les confond, qu'il prend les images pour le tout de la réalité. Le terme grec a un second sens : « conjecture », supposition (du participe *eikôs* : « vraisemblable »). Mais là encore la traduction par « conjecture » ne convient pas tout à fait, puisque « conjecturer » implique qu'on ait conscience de ne pas être certain, implique un doute, une hésitation. Ce n'est pas le cas en ce qui concerne ce premier état. Nous ne garderons donc aucun des deux termes généralement employés pour traduire *eikasia* (imagination, conjecture). Nous leur préférerons le mot « illusion », bien qu'il présente lui aussi un aspect équivoque, ce terme pouvant désigner tant l'état auquel le sujet est en proie que les « objets » qui suscitent cet état. Nous le choisirons pourtant, car il nous semble traduire à peu près cette saisie d'images prises pour du réel, supposées réelles, que désigne *eikasia*.

de même sorte *si tu comprends ce que je veux dire* ». Ombres et reflets ne sont que des exemples. Ils permettent de saisir la caractéristique principale de l'image, qui consiste à n'être que le reflet d'autre chose. L'image a donc un domaine bien plus étendu (« si tu comprends ce que je veux dire ») que celui des exemples donnés par Socrate : tout objet sensible perçu comme ressemblant, et comme renvoyant à un autre objet, est une image, qu'il s'agisse d'une description aussi bien que d'une statue. Le propre d'une image est de ressembler à l'original tout en en différant. La ressemblance ne peut être absolument parfaite car alors, comme le dit Platon dans le *Cratyle* (432 a-d), on aurait deux choses identiques, et plus d'image, ou encore deux images et pas de chose. Pour qu'il y ait ressemblance, il faut qu'il y ait, au moins sur un point, différence. Mais ressemblance et différence sont des genres fuyants, glissants. On peut présenter aussi bien une image presque parfaite de l'original qu'une image vague, trouble, déformée. Toute image n'est pas fausse, ou trompeuse, mais elle peut l'être. Et elle ne contient pas en elle-même de quoi déceler sa déformation, il faut se reporter à l'original, ce qui n'est pas toujours possible. De telle sorte que, devant l'image, l'âme ne peut que supposer, conjecturer, imaginer. A l'objet en revanche il semble qu'on puisse se fier : l'objet sensible fait naître en moi une conviction, une assurance (*pistis*). Pourtant la distinction entre les images et les originaux n'est pas si tranchée qu'elle le paraît : il se produit en effet sans cesse des glissements, on peut se comporter vis-à-vis d'une image comme si c'était une chose bien réelle, tomber amoureux d'un portrait ou d'une photographie, avoir peur des ombres qui peuplent l'obscurité ; et réciproquement on peut projeter sur l'objet une image, ne percevoir en lui que l'ombre de notre désir ou de nos craintes. Certains objets ont même un mode d'être ambigu : une statue, un monument, sont à la fois des objets bien réels, plantés dans l'espace, et sont pourtant aussi des images. Mais à la vérité tout objet sensible comporte ce double statut, tous peuvent être tour à tour pris comme « originaux » ou comme « images ». C'est l'âme qui leur accorde leur degré de clarté ou d'obscurité, selon qu'elle est dans un état d'illusion, ou selon qu'elle éprouve de la confiance, qu'elle est assurée d'être devant un objet « réel ».

• ***Le genre de l'intelligible : la raison et ses objets.***

Il faut à présent sectionner l'autre partie, la partie « intelligible » de la Ligne (B). Le principe de la coupure, c'est d'abord que l'âme se serve ou non d'images. Dans la première section (c) de cette partie (B), l'âme, utilisant les « originaux » de la section précédente comme images, est contrainte de chercher à partir d'hypothèses pour aboutir à une conclusion, alors que dans la deuxième section (d) l'âme remonte de l'hypothèse à un principe absolu, « anhypothétique ». La vraie distinction ne réside donc pas entre une pensée hypothétique et une pensée anhypothétique (= qui n'userait pas d'hypothèses), mais bien entre une pensée qui se sert encore d'images et une pensée qui ne s'en sert plus. Lorsque Socrate, devant l'incompréhension de Glaucon, prend des exemples pour illustrer cette troisième section (c) de la Ligne, ils sont empruntés à l'arithmétique et à la géométrie. Là encore, ce ne sont que des exemples, qui n'épuisent ni la manière de raisonner ni les objets propres à cette section. En fait, toute manière de penser qui commence par poser une hypothèse, tenue pour vraie tout au long du raisonnement, afin d'en déduire une conclusion, et qui emploie dans sa recherche des images sensibles, appartient à cette section (c). Or non seulement les mathématiques, mais toutes les sciences expérimentales commencent par poser des hypothèses qu'elles ne remettent pas en question, qui leur servent à découvrir et à expliquer, ainsi qu'à poser de nouveaux problèmes. La différence est qu'en mathématiques les hypothèses (postulats, axiomes et définitions) sont explicites et d'une clarté parfaite. Mais dans tous les cas, quelles que soient les hypothèses de départ et même si l'on en change, ce sont les conclusions qu'il s'agit de découvrir, de démontrer et de prouver à l'aide d'hypothèses, et jamais les hypothèses elles-mêmes. Tout effort pour considérer le sensible, non pas comme se suffisant à lui-même, mais comme l'effet d'une causalité, comme la manifestation d'une loi, comme l'image d'un rapport ou d'une réalité intelligible, relève de cette manière de penser que Platon nomme raison (*dianoia*). Toutes les fois que des réalités sensibles sont prises comme des exemples illustrant une relation intelligible, on est dans la troisième section de la Ligne, c'est-à-dire dans la première section de l'intelligible. Les réalités sensibles ne sont plus considérées comme des originaux mais comme de simples images, toujours un peu inadéquates à la pure relation abstraite. Avant de servir d'illustration, l'image sert de moyen de découverte : c'est pour arriver à voir ces objets que « l'on ne peut saisir autrement que par la raison », que les mathématiciens tracent des figures. La pensée qui raisonne ne peut se passer du sensible, même si elle sait parfaitement que ce n'est là qu'une image imparfaite, que la figure carrée, n'est qu'une image du carré géométrique, sur lequel seule en droit la géométrie raisonne. La raison (la pensée dianoétique) se caractérise donc par un usage « savant » de l'image — qu'elle connaît pour telle — et par un usage « ignorant » de l'hypothèse — qu'elle est bien obligée de tenir pour une vérité tout le temps qu'elle raisonne à partir d'elle. Cela explique, dans la Ligne, la position intermédiaire de la raison entre la partie sensible et l'intelligible pur. La raison en effet ne pose des réalités ou des relations intelligibles qu'afin de tenir pour négligeables ou non pertinentes certaines propriétés des choses sensibles. Le géomètre qui pose la définition du carré, du carré « en soi », peut ne pas prendre en considération les propriétés de la figure carrée (l'épaisseur des lignes, leur couleur...). Moyennant quoi il peut arriver à déduire ce qui l'intéresse, c'est-à-dire les propriétés du carré. Mais il ne mettra jamais en question son hypothèse elle-même, celle de l'existence ou de la possibilité d'une figure carrée, par exemple. On peut par hypothèse nier des propriétés, mais non l'existence même de ce sur quoi on raisonne. Il n'y a donc pas pour la raison d'usage négatif de l'hypothèse, et cela, parce que ce n'est pas la remontée au principe qui intéresse ce mode de pensée, mais la déduction de conclusions.

Ce qui détermine la troisième section de la Ligne, ce n'est donc pas un type d'objets. La distinction est méthodologique, on va différencier deux manières de penser et non pas deux espèces de choses. Lorsque Platon caractérise la première section de l'intelligible (c), il ne le fait pas en lui assignant une certaine espèce d'objets, comme il l'a fait pour les deux précédentes et va le faire pour la quatrième : les objets de la raison sont donc tous les objets qui sont pensés en relation avec leur image sensible, à laquelle ils ressemblent tout en en différant, qui sont pensés à partir d'une hypothèse ou qui sont posés comme hypothèses, et dont on peut déduire des propriétés, des conséquences, des conclusions. Une certaine saisie de l'intelligible permet de penser en fait tout l'intelligible, d'en donner des définitions qui sont autant d'hypothèses, et d'en déduire, selon des règles, des conséquences. Si la raison (*dianoia*) est intermédiaire, ce n'est pas du fait de la nature de ses objets, et les objets mathématiques ne sont d'ailleurs pas *tous* les objets de la raison (c). Si l'on peut dire de tous les objets rationnellement pensés que ce sont des intermédiaires, parce qu'ils ont vis-à-vis des Formes de la dernière section de la Ligne (d) le même statut de « reflets » que les images (a) par rapport aux objets sensibles (b) (c : d = a : b), ce caractère de « reflet » ne leur vient pas de leur nature propre mais de la manière dont ils sont pensés. Si la raison discursive est intermédiaire entre l'opinion et l'intelligence, elle ne l'est que lorsqu'on est arrivé au terme de la Ligne, à l'intelligible pur saisi par l'intelligence.

La saisie des Formes par l'intelligence est l'analogue, dans l'intelligible, de la saisie directe des objets par la perception dans le monde sensible.

• ***Le genre de l'intelligible : l'intelligence dialectique des Formes.***

Quelle est la différence entre cette saisie intelligente de l'intelligible et sa saisie rationnelle, discursive (entre d et c) ? L'intelligence met en jeu la puissance dialectique ; or « dialectique » désigne toujours chez Platon un triple mouvement, tout d'abord celui qui consiste à donner et à recevoir le *logos*, à procéder par questions et réponses. La pensée est pour Platon un dialogue de l'âme avec elle-même ; pour penser il faut nécessairement *s'opposer* quelque chose, et il faut *interroger* : ce qu'on interroge, ce n'est pas quelqu'un, c'est ce qui est en question, ce au sujet de quoi on cherche la vérité, c'est finalement la Forme, l'essence de ce qu'on recherche. Interroger et répondre ne sont donc pas des activités empiriques, des rôles effectivement tenus par deux interlocuteurs en présence, c'est « le même qui sait interroger et qui sait aussi répondre » (*Cratyle* 390 c), ce sont deux dimensions propres à la dialectique. L'exposition d'un savoir qu'on possède déjà, c'est un monologue. Celui qui parle doit, en parlant, s'interroger, chercher, examiner. Mais il ne doit pas se contenter d'accumuler des questions, il doit être capable de répondre et de se répondre, il doit être inventif, poser ses questions de telle manière qu'elles comportent une réponse. Cette réponse sera cependant toujours provisoire puisqu'elle renverra à une autre question ; définir, par exemple, le courage comme un savoir concernant ce qui est vraiment dangereux et ce qui ne l'est pas, c'est déboucher sur une autre question : mais alors qu'est-ce que savoir ? En ce premier sens, la dialectique est donc une circulation du *logos* (le *dia* grec signifie « à travers »). Le langage et le savoir sont des mouvements qui consistent à apprendre ce que l'on ne savait pas encore, à se l'enseigner et à devenir capable d'enseigner. Tout au long, on rencontre des objections à surmonter, des contradictions à dépasser, des résistances à vaincre.

En un deuxième sens, la dialectique est un passage du multiple à l'un et de l'un au multiple. Pour qu'elle commence, il faut que la multiplicité sensible apparaisse comme insuffisante, que l'exigence de définition ne se confonde pas avec la simple énumération d'exemples. Il faut donc supposer l'unité de ce qu'une chose est en soi, de sa Forme. Cette unité n'est pas massivement une : encore faudra-t-il, une fois l'essence atteinte, opérer des divisions, distinguer un nombre déterminé d'espèces. Il faudra donc multiplier l'unité en y découvrant une multiplicité précise et limitée, différente de la multiplicité indéfinie qu'on a laissée de côté au départ. La dialectique consiste à récuser une multiplicité sensible au profit d'une unité intelligible qu'il s'agira alors de diviser en une multiplicité elle-même intelligible, tout en continuant à tenir ensemble l'unité de cette multiplicité.

Enfin, pour que ce mouvement de définition, de saisie de la Forme et de l'essence, puisse s'opérer, il faut se donner les moyens de sortir de l'identité vide de sens, celle qui consisterait à affirmer par exemple que le Bien est le Bien, le Beau le Beau, et qu'il ne reste plus qu'à les « contempler ». Penser est chez Platon une activité dialectique : cela signifie que pour penser une Forme, il faut en introduire une autre qui lui soit semblable, puisqu'elle permet de la penser, et qui en diffère pourtant. Ainsi, on a vu qu'il était impossible de penser le Bien sans introduire les notions d'apparence et de réalité, d'opinion et de savoir. De même, il est impossible de penser convenablement le désir (*erôs*) sans faire intervenir la Beauté et le délire qu'elle provoque. Mais il n'est pas toujours facile, ni évident, de savoir quelle Forme il convient d'introduire pour en penser correctement une autre. La dialectique comporte une part d'inspiration, d'instinct, d'invention.

• ***Raison et intelligence : la remontée au principe.***

Parole qui interroge et qui répond, mouvement qui va du multiple à l'un et de l'un au multiple, intelligence qui sait reconnaître l'autre dans le même et le même dans l'autre, telle est la puissance de la dialectique. En quoi diffère-t-elle de l'activité qui consiste à enchaîner des propositions de façon cohérente, de l'activité discursive de la raison ? La pensée dialectique tient ses hypothèses pour de simples hypothèses, et s'en sert comme de points d'appui pour prendre son élan et remonter vers un principe qui n'est plus une hypothèse, qui est « anhypothétique ». Au cours de ses raisonnements, le mathématicien « rêve » (VII, 533 c) car il prend ses hypothèses pour des principes : il prend pour principe ce dont il n'a pas de savoir. Socrate, dans le *Ménon* (86 e - 87 a-b), illustre ainsi cette méthode hypothétique des géomètres : soit la question de savoir si un triangle donné est inscriptible dans un cercle donné ; le géomètre répondra : « je ne sais pas si c'est ou non possible. Mais je peux déduire les conséquences relatives à cette inscription, en supposant tour à tour qu'elle est possible et qu'elle ne l'est pas. » Le géomètre pose ses points de départ (axiomes ou définitions) comme autant de principes que viendront confirmer ou invalider les conséquences. Les hypothèses ne constituent pas pour lui des assertions à examiner, mais des propositions évidentes et indémontrables. Le dialecticien, au contraire, conscient du caractère hypothétique de ses hypothèses, cherche à remonter jusqu'au principe capable de les fonder, donc d'en supprimer la nature hypothétique. Lorsqu'il pose quelque Forme que ce soit, il *suppose* l'unité intelligible d'une multiplicité sensible. Or il se pourrait que cette unité n'ait aucune réalité, que le Beau, par exemple, se réduise à n'être que la somme des choses qui sont jugées « belles », à n'être précisément que l'ensemble des opinions que l'on forme à son propos. La Forme posée par hypothèse exige donc une garantie, un fondement, un principe. Ce principe est atteint lorsqu'on possède un véritable savoir de cette Forme au lieu d'une opinion changeante, variable et discutable. Mais cela ne fait que reculer le problème. Si la distinction entre le savoir et l'opinion est le principe qui enlève à l'hypothèse des Formes son caractère hypothétique, quel est le principe capable de garantir à son tour la vérité de cette distinction ? A vrai dire aucun, si ce n'est qu'en l'absence de cette distinction, la notion même de vérité perd toute espèce de sens. L'opinion, même droite, n'est pas le savoir : « s'il y a une chose au monde que j'affirmerais savoir », dit Socrate dans le *Ménon* (98 b), « et il n'y en a pas beaucoup dont je l'affirmerais, celle-là seule serait placée pour moi au rang de celles que je sais ». Celui qui sait pose en principe la différence du savoir d'avec l'opinion, même droite, il est assuré de la seule vérité de cette différence, et du fait que le savoir, contrairement à l'opinion, a la puissance de saisir une réalité vraie. La seule chose qui, pour le philosophe, ne soit pas hypothétique, c'est la différence du savoir (d'avec l'opinion, le vraisemblable), et sa puissance (sa capacité d'atteindre la vérité). Le Bien permet la remontée à un principe « anhypothétique », parce qu'il a le pouvoir de dénoncer l'insuffisance de toutes les images, de toutes les opinions que l'on a à son propos, de toutes les sciences qui prétendent être lui. Il appelle une science différente de toutes les autres, une science dialectique.

• ***Le principe « anhypothétique ».***

On peut remarquer que, dans le texte sur le principe anhypothétique (511 a-b), le Bien n'est pas mentionné. Cela nous semble indiquer que le principe anhypothétique n'est pas, comme beaucoup le pensent toutefois, le Bien lui-même. Le texte établit une différence entre deux espèces de savoir : la dialectique, qui remonte des hypothèses au principe, et le raisonnement, qui descend des hypothèses aux conséquences. Si le raisonnement « est contraint » de se contenter d'hypothèses, c'est en vertu de son « impuissance » à penser sans images. L'intelligence dialectique, elle, ne se sert d'aucune image, ne s'appuie sur aucune réalité sensible, elle ne se sert que de Formes, n'opère ses passages qu'entre des Formes, et c'est à des Formes qu'elle aboutit (511 b-c). Or dans tous les dialogues de Platon où une telle dialectique est mise en œuvre (et cela vaut aussi bien dans les dialogues postérieurs à la *République* que dans les dialogues antérieurs), il n'est pas question du Bien. En revanche, aucun dialogue de Platon ne peut même commencer, aucune définition ne peut être recherchée, sans que soit posée au départ la différence entre savoir et opiner, et celle entre la multiplicité des choses sensibles et l'unité intelligible.

Pour cette raison, la notion de « principe anhypothétique » ne me paraît pas désigner purement et simplement le Bien mais plutôt l'évidence de la différence qui existe, pour celui qui sait, entre la science et l'opinion. Il reste cependant que le Bien est la cause permettant cette remontée. L'Idée du Bien exige pour être connue une manière de penser différente de celle des mathématiciens, elle rend nécessaire un savoir différent, capable de dépasser le critère formel de non-contradiction pour acquérir l'intelligence des vraies différences et des vraies ressemblances ; cette différence est un principe, elle est la différence que pose au principe toute pensée lorsqu'elle entreprend de penser. Les mathématiciens « semblent ne pas avoir l'intelligence de leurs objets » : ce n'est ni parce que les objets sur lesquels ils raisonnent ne sont pas intelligibles, puisqu'ils le « seraient, accompagnés de leur principe », ni certes parce que les mathématiciens sont, au sens commun du terme, dépourvus d'intelligence. C'est parce qu'« ils ne touchent pas à leurs hypothèses ». On peut dire qu'un raisonnement mathématique est vrai ;

mais il n'est vrai que pour autant qu'il est vérifié (que toutes les hypothèses sont cohérentes entre elles et avec les conclusions, qu'il n'entraîne aucune contradiction). Cependant il n'est pas vraiment vrai, puisqu'il est dépourvu de l'intelligence de la « bonté » de la vérité, de l'intelligence de ce que peut et vaut la vérité en elle-même. Le Bien ne semble donc pas être ce principe, mais il est ce qui rend nécessaire, appelle, exige, une manière de penser capable de remonter jusqu'au principe.

• ***Ce qui résulte des deux premières images.***

Les deux images, celle du soleil et celle de la Ligne, nous permettent de saisir le Bien dans ses effets mais non pas dans sa nature. La première insiste sur l'étonnant privilège de cette Idée dans des termes quasi mystiques, la seconde nous rappelle que, comme toute Idée, elle est objet de science. C'est pourquoi il nous semble abusif d'avoir, dans la lignée du néoplatonisme, privilégié la première au détriment de la seconde. L'image de la Ligne a de plus servi à montrer qu'il y a continuité autant qu'il y a coupure. Toute l'entreprise d'éducation va consister, en effet, à conduire un esprit d'une section à l'autre de la Ligne, et ce jusqu'au terme, si toutefois il en est capable. Les proportions établies par Platon entre les différents segments permettent de comprendre que le sectionnement de la Ligne n'a pas pour fin de classer quatre types d'objets : dans chaque grande partie, on trouve des originaux (sensibles ou intelligibles) et leurs reflets. L'âme a affaire aux uns ou aux autres selon *l'état* dans lequel elle est, selon le mode de connaissance qu'elle met en œuvre. En ce qui concerne les objets de connaissance, la scission s'opère entre objets sensibles, en devenir, sur lesquels l'âme ne peut former que des opinions, et objets intelligibles, saisissables par l'âme seule quand elle raisonne ou quand elle pense. De plus, la seconde partie de la Ligne (B) est à la première (A) comme la seconde section du sensible (b) est à la première

(a) : cela signifie que l'opinable (le devenir dans son ensemble) est lui-même comme le reflet, l'ombre déformée et mouvante de l'intelligible. La distinction entre originaux et reflets s'applique donc non seulement à l'intérieur de chacune des deux parties de la Ligne, mais à la Ligne toute entière. En revanche, il existe bien quatre modes de connaissance, quatre états de l'âme, qui dépendent de son degré d'ignorance ou d'éducation. L'allégorie de la Caverne, qui suit immédiatement le sectionnement de la Ligne, va nous donner une image de « notre nature sous le rapport de l'éducation ou de l'absence d'éducation » (514 a). Elle va nous représenter symboliquement et dynamiquement ce que la Ligne mettait en place mathématiquement et statiquement. Car l'éducation est un mouvement qui consiste à passer d'un état d'ignorance à un état de connaissance : ce mouvement est une conversion totale de l'âme, qui suppose des étapes. Comme dans la Ligne, ces étapes, ces mouvements, sont au nombre de quatre. L'image de la Caverne va donc traduire en termes de mouvement et de passage les divisions acquises par le sectionnement de la Ligne. Elle va en outre expliquer pourquoi le Bien, objet du désir de tous, recherché par tous dans sa réalité et dans sa vérité, est pourtant si communément méconnu, si rarement saisi dans sa nature propre.

• ***L'allégorie de la Caverne.***

La Caverne est une allégorie : cela veut dire qu'à chaque élément concret on peut faire correspondre une signification abstraite, que cet élément est là pour figurer, pour rendre sensible. Chaque élément est articulé aux autres de façon à former un système « symbolique » complet : l'allégorie relève donc d'une interprétation, mais l'interprétation doit porter sur la totalité, car seule la totalité donne sens à chaque élément isolé. La première chose qu'il importe de souligner, c'est que la Caverne est bien une image : ce n'est donc pas à elle d'expliquer ce qui vient d'être établi ni ce qui va l'être. C'est au contraire cette image qu'il faut interpréter, c'est à elle qu'il faut relier *(prosapteîn)* ce que l'on sait déjà (VII, 517 b). De plus, comme toute image, elle n'est pas exactement conforme à ce dont elle est l'image : il reviendra à l'exercice dialectique d'exprimer plus rigoureusement ce qu'elle n'a fait qu'illustrer. Il est donc dangereux d'interpréter toute la *République*, et même toute la philosophie de Platon, à l'aide de l'image de la Caverne. Il convient de faire tout le contraire : il faut interpréter l'image de la Caverne compte tenu de sa fonction dans la *République*. Le second point dont il faut tenir compte pour l'interprétation, c'est que cette image exprime dans le vocabulaire de la vision des opérations qui sont celles de la connaissance. Toutes les métaphores de la Caverne désignant l'acte de voir, d'être ébloui, les objets vus, les ombres, les reflets etc., doivent être traduites et comprises comme désignant des opérations et des objets de connaissance. Enfin, autant la Ligne, en dépit de sa continuité, mettait l'accent sur des divisions et des coupures, puisqu'elle servait essentiellement à *distinguer* des modes de connaissances, autant la Caverne ne nous présente que des transitions, des passages, et ce qui en résulte. Ces mouvements sont les mouvements mêmes de l'âme qui reçoit un certain type d'éducation, qui sort de son ignorance. Or l'éducation selon Platon n'est pas le passage continu et calme d'un état d'ignorance à un état de connaissance : elle comporte une certaine violence, elle produit des moments de trouble et de crise, elle parcourt des étapes dont chacune présente un certain danger, et ceci parce qu'elle convertit totalement ou, pour employer le vocabulaire de l'image, parce qu'elle entraîne un détournement du regard. Pour l'âme qui aura été capable de recevoir cette éducation et qui en aura atteint le terme, tout aura changé, de sens comme de valeur. L'allégorie de la Caverne nous peint d'abord l'état initial de l'âme, celui où elle est dépourvue d'éducation ;

puis les étapes de cette éducation, la sortie de l'âme hors de la Caverne ; enfin la redescente, et ses conséquences.

L'image proprement dite comporte deux temps : dans un premier moment, Platon met en place la géographie de la Caverne. C'est un lieu souterrain où se trouvent, enchaînés, des prisonniers qui tournent le dos à l'entrée. Quelque part derrière eux et au-dessus d'eux brille un feu. Entre le feu et les prisonniers court un chemin élevé (c'est-à-dire à un niveau plus haut que celui où se trouvent les prisonniers) et le long de ce chemin se dresse un petit mur. Le long de ce petit mur et cachés par lui, défilent des hommes portant des sortes de marionnettes qui dépassent du mur et projettent leurs ombres sur la paroi à laquelle les prisonniers font face. Tout d'abord il est important de bien comprendre que le feu, le chemin et le petit mur sont à l'intérieur de la Caverne, bien qu'à des hauteurs différentes : le feu est au-dessus du chemin et du petit mur, qui sont eux-mêmes au-dessus des prisonniers ; mais tout est souterrain (pour rendre cette disposition plus claire, un commentateur parle d'une salle de cinéma en sous-sol). L'entrée, qui s'étend sur toute la longueur de la façade, laisse filtrer un peu de la lumière du jour et permet d'accéder à la surface par une montée rude et escarpée. Que signifie tout d'abord cette description des lieux, cette topologie (de *topos* : lieu, et *logos* : étude) ? Les prisonniers ont dans leur Caverne un analogue de la lumière extérieure, un feu qui leur permet de voir. Mais comme ils ne peuvent pas tourner la tête, ils ne voient que des ombres et même pas les objets fabriqués qui projettent ces ombres. La cause de leur vision et des « objets » qu'ils voient (les ombres) est au-dessus d'eux, tout comme les dépassent et leur restent inconnues les manipulations des montreurs de marionnettes. Le dispositif mis en place par Platon a pour fin essentielle de nous décrire un état d'impuissance et d'ignorance.

• ***L'état initial : l'ignorance.***

Qu'est-ce qui enchaîne les prisonniers ? Qu'est-ce qui les maintient dans cet état passif, « pathologique », d'illusion ? Leur ignorance même, leurs passions, leurs craintes, leurs préjugés. L'ignorance est une espèce de maladie, qui pourtant est notre commune condition. Cet état n'est pas « naturel » mais il nous est imposé dès l'enfance. De plus, ce n'est pas un état propre à un prisonnier isolé mais bien à l'ensemble, à la communauté qu'ils constituent. La seule « science » possible en ce lieu consiste (516 c-d) à discerner une ombre d'une autre et à remarquer des séquences régulières de manière à pouvoir prévoir. Le premier état correspond bien à l'état d'*eikasia* (illusion), qui constituait la première section de la Ligne. En effet les prisonniers ne connaissent que des objets privés de leurs propriétés réelles. De même qu'une ombre n'a ni couleur, ni poids, ni volume, de même un objet connu en image n'est pas connu dans ses propriétés physiques, chimiques etc., mais seulement en tant qu'il paraît désirable ou utile, nuisible ou effrayant. Toutes les opinions des prisonniers sont profondément imprégnées de désirs, de besoins, de craintes. Elles sont à la fois subjectives et communes, puisque tous les hommes ont dans une même situation spontanément les mêmes besoins, les mêmes peurs et les mêmes désirs. Le premier état, c'est donc celui où l'on ne connaît, où l'on n'évalue qu'à travers ses besoins et ses craintes, et où l'on n'accède jamais qu'à un reflet déformé de la réalité. Qui sont alors ceux qui manipulent les objets réels dont les ombres sont les ombres ? Platon nous dit qu'ils sont des « faiseurs de prestiges », et eux savent au moins que la réalité du plus grand nombre des prisonniers n'est que le reflet de ce qu'ils projettent. On a donné à leur sujet de multiples interprétations : ils seraient l'équivalent des démons qui, dans le *Timée*, un des derniers dialogues de Platon, fabriquent les vivants par un mélange de feu, d'air, d'eau et de terre. Mais le *Timée* est un mythe, et il nous semble y avoir un inconvénient à interpréter une allégorie à l'aide d'un mythe. Lorsque Socrate interprète lui-même l'image de la Caverne, il nous dit bien que les prisonniers sont semblables à nous ou que le feu est l'analogue du Soleil : il interprète rationnellement. On a remarqué, avec plus de pertinence selon nous, que dans un autre dialogue, le *Sophiste*, Platon emploie pour définir les sophistes, le même mot : « faiseurs de prestiges » *(thaumatopoioi)*. Si le texte se réfère bien aux sophistes, il ne faut pas entendre seulement sous ce nom ces intellectuels qui, au temps de Platon, dispensaient leur enseignement aux jeunes gens riches, mais plus largement tous ceux qui sont capables, par le moyen de la parole, de persuader le plus grand nombre et de lui transmettre des valeurs, des manières d'être ou de sentir, des modèles de comportement. En ce sens les poètes, les peintres, tous les artistes, les législateurs, les hommes politiques, et aussi les savants, sont des « sophistes », en ce qu'ils concourent à produire une interprétation de la réalité qui sera adoptée par la plupart des membres d'une société donnée comme étant *la* réalité. Sans cette production d'une réalité conventionnelle, sans cette somme de conventions qui font qu'à l'intérieur d'un groupe tous s'entendent en gros sur ce que signifie « justice », « beauté », « bonheur » ou « amour », il n'y aurait pas de société mais seulement une collection d'individus. Les « objets fabriqués » représenteraient donc cette réalité travaillée, interprétée, nommée, évaluée par certains. Entre les prisonniers et les hommes qui défilent, entre le plus grand nombre et les « sophistes », le rapport serait toujours de manipulation, et l'échappée ne pourrait, dans une telle société, être qu'individuelle. Car les prisonniers non seulement ne voient que des ombres, mais ils ne voient d'eux-mêmes qu'une ombre. Ils sont incapables de saisir l'unité réelle de quoi que ce soit : d'un objet ils ne saisissent successivement que les multiples apparences, et d'eux-mêmes ils n'appréhendent qu'une succession d'états. L'image qu'ils ont des choses et d'eux-mêmes n'est pas seulement fausse, elle est totalement inversée : ils ne jugent « réel » que ce qu'ils peuvent percevoir ; tout ce qui pourrait toucher à l'intelligible ou à l'âme, tout ce qui présenterait une unité pensée et non perçue, leur semble totalement irréel. Ils sont de plus ignorants de ce qu'est une véritable cause, puisque le fait qu'une ombre survienne leur paraît soit sans cause, soit causé, appelé par l'ombre précédente. En termes de connaissance, cela signifie que seuls les objets qu'ils perçoivent leur paraissent avoir le pouvoir de causer quoi que ce soit. Ils prennent donc les effets pour des causes, le multiple pour de l'un, et leurs phantasmes pour de la réalité. Tel est l'état d'ignorance, c'est-à-dire de perversion radicale de la connaissance, auquel l'éducation doit arracher l'âme.

Si l'on peut admettre qu'il y a correspondance entre les étapes de la Caverne et les sections de la Ligne, il faut cependant remarquer que seuls le premier et le dernier états sont analysés ; le deuxième et le troisième n'apparaissent que comme des moments, des passages entre la première et la dernière étape. Cela s'explique si l'on se rappelle qu'il s'agit de décrire les effets de l'éducation, de définir celle-ci comme une conversion de l'âme, d'en limiter le pouvoir ; elle ne peut libérer, détacher, que ceux dont le « naturel » permet une telle libération, et cela constituera une raison supplémentaire pour établir comme gouvernants ces « bons naturels », convenablement éduqués.

- ***Les étapes intermédiaires : la première étape et son risque propre, la rechute.***

Dans cet état initial d'une nature dénaturée, entravée par l'ignorance, enchaînée par l'obsession des désirs, des plaisirs et des craintes irraisonnés, il peut arriver que quelqu'un détache un prisonnier et le force à se dresser, à se retourner, à marcher, à lever les yeux. Cela ne peut se produire qu'à la condition que quelqu'un intervienne et contraigne : le verbe forcer, contraindre, répété plusieurs fois, caractérise la manière d'agir de ce « quelqu'un ». Pour Platon, l'éducation commence par une rencontre, celle de quelqu'un dont le discours arrache celui qui l'écoute à ses croyances antérieures, à ses préjugés, à ses certitudes. Et cette rencontre prend la forme d'un choc, d'une révélation, d'un éblouissement. De très rares individus (certains philosophes) ont le pouvoir de parler un langage qui ébranle, met en question, met en danger, ceux du moins qui y sont sensibles. Ce langage délie, délivre et libère ; il produit son effet instantanément, il n'y a pas transition continue mais soudaineté du passage, choc, « conversion », et au départ ce langage est perçu comme une violence, une contrainte, qui à la fois empêche que l'on ne retombe dans ses anciens préjugés et force à poursuivre, à aller de l'avant. Il viendra un moment où l'action de l'éducateur cessera, où l'homme qu'on aura éduqué, contraint de voir et d'avancer, sera capable de penser tout seul : cela n'advient qu'au terme de l'éducation, et une fois arrivé à la dernière étape. Auparavant, le prisonnier est toujours tenté de s'arrêter, de repartir en arrière afin de retrouver un monde et une réalité qui lui paraissaient solides et familiers. Pour que ces arrêts et ces retombées toujours possibles ne se produisent pas, il faut que quelqu'un tire, traîne de force, pousse en avant. Ce quelqu'un est bien sûr un « éducateur », au sens où Platon en a vu l'incarnation dans Socrate, au sens où Nietzsche plus tard écrira *Schopenhauer éducateur*. Mais un éducateur n'est pas un pédagogue. Ce qui le caractérise, ce n'est pas un programme, une méthode progressive permettant de faciliter les passages, de rendre aisées les transitions et les acquisitions de connaissances. L'éducateur est d'abord un amoureux, animé, comme Socrate le dit de lui-même dans le *Banquet*, d'un « terrible erôs » pour le discours, la vérité, la recherche de ce qui est. L'éducation est donc finalement le choc dû à la rencontre d'une réalité déconcertante, inconnue, par l'intermédiaire du discours de quelqu'un ; discours différent, déroutant, incompréhensible au premier abord, et qui risque de le rester si l'on ne va pas plus loin.

En effet, l'état du prisonnier venant tout juste d'être délié et se retournant vers les « objets » dont il voyait tout à l'heure les ombres ne nous est pas décrit comme une étape calme, comme la reconnaissance et l'identification de ces objets. Cette connaissance est empirique, puisqu'elle a encore son domaine à l'intérieur de la Caverne ; elle implique pourtant une rupture, une peine, relativement au premier état. Or sans ce premier effort et ce premier détournement, la sortie ne serait pas possible. Celui qui voit les « originaux » saisit du même coup la différence qui existe entre les originaux et les copies, la cause et l'effet. Mais les effets en l'âme de la saisie d'une telle différence sont imprévisibles. Il peut se produire alors soit que l'on préfère retourner dans la pénombre rassurante, les anciens préjugés, les opinions de tous, soit que l'on s'avance vers de plus solides connaissances. Mais il peut se produire aussi que l'âme se paralyse, comprenant l'insuffisance de tout ce qu'elle croyait auparavant, tout en restant incapable d'y substituer quoi que ce soit d'autre : c'est l'état de critique, de subversion des valeurs de la cité que Socrate était accusé de produire sur la jeunesse.

Que connaît en effet celui à qui on montre le défilé des objets qui projettent les ombres ? Il voit tout d'abord que ce sont des objets « fabriqués ». Il ne prendra plus, par exemple, la justice comme un fait allant de soi, dont l'origine serait naturelle ou divine, il la connaîtra pour ce qu'elle est : une convention humaine variant selon les sociétés et les époques. Il en ira de même pour toutes les institutions, toutes les valeurs, tous les sentiments, tous les arts, tous les métiers. Encore lui faudra-t-il comprendre que si tout dans une société humaine est conventionnel, cela ne signifie pas nécessairement que tout y est arbitraire : il existe des justices moins injustes que d'autres, des valeurs plus nobles ou moins ignobles, des sentiments moins élémentaires ou plus raffinés. Ce qui fait la différence, c'est la compétence de ceux qui dans la cité détiennent un pouvoir et un savoir. Cette première différence, qui différencie le bon législateur du mauvais ouvrier, le bon médecin du charlatan, l'artisan habile du mauvais, produit une certaine assurance, rend les objets et les conduites dignes de confiance. La conviction *(pistis)* résulte de ce maniement empirique des choses, qui, bien qu'empirique, réfléchit, calcule, adapte. Mais comme c'est de l'éducation qu'il s'agit dans l'image de la Caverne, il ne faut pas que le prisonnier, satisfait de ce savoir plus « réel », s'arrête là, ou simplement passe de l'autre côté du petit mur pour faire à son tour partie des montreurs de marionnettes. Car si on le questionne, si on le force à répondre et à dire ce qu'il voit, la seule vision des « originaux » à l'intérieur de la Caverne ne lui permet pas de répondre à la simple question : « qu'est-ce que ? » Il pourrait à la rigueur expliquer comment c'est fait, démonter un fonctionnement. Ce qu'il ne peut pas, à ce stade, savoir, c'est ce que c'est.

A ce moment de l'éducation on risque, en questionnant à contretemps, de ne provoquer que de l'embarras et une rechute dans les anciennes croyances. Lors de ce premier mouvement de formation d'une âme, la technique de l'interrogation est prématurée. Toute entreprise de questionnement qui s'exerce à l'intérieur de la Caverne risque de tourner au jeu, à la réfutation pour le plaisir de la réfutation. A la fin du Livre VII (538 c-539 d), Platon nous dépeint celui qui, ayant rejeté les valeurs traditionnelles mais incapable encore d'en découvrir de véritables, devient « semblable à un jeune chien », se met à imiter ceux qui l'ont réfuté pour réfuter à son tour, se complaît à tirailler et à mettre en pièces à l'aide du raisonnement tous ceux qui l'approchent. Le danger propre à cette première étape est celui d'une dialectique mal pratiquée qui n'en rend que « plus vrais » (515 d) les objets de l'illusion et finit par en confirmer la réalité, incapable qu'elle est de rendre évidente une autre vérité. Et si l'on contraint le prisonnier à se tourner vers le feu même, la source de lumière, la douleur alors sera telle qu'il y a toutes les chances pour qu'il retourne « vers les choses qu'il peut discerner ». S'il ne le fait pas, il deviendra alors capable de comprendre que la cause de ce qu'il voyait auparavant, ce n'est même pas la « réalité » des objets dépassant du mur, mais bien le feu, nécessaire pour que des ombres se projettent ; il passera de la croyance à la causalité multiple, changeante, matérielle, à la saisie d'une cause unique, nécessaire pour que les causes « auxiliaires » produisent leurs effets. Il faut cependant aller encore plus loin, et forcer le prisonnier à sortir.

• ***La seconde étape : le risque consiste à s'arrêter.***

La sortie de la Caverne est « la montée de l'âme dans le lieu intelligible ». Dans un premier temps, on aura une image inversée de l'intelligible. Ce premier moment hors de la Caverne, Platon nous dit lui-même (VII, 532 c-d) qu'il correspond à la raison *(dianoia)*. Celui qui est sorti connaît d'emblée les reflets comme reflets, les images comme images, et il s'en sert pour habituer son regard, pour pouvoir atteindre ensuite les objets eux-mêmes. Que représentent ces reflets ? Ce ne sont pas des objets intermédiaires, et ce n'est pas parce que la pensée qui raisonne (la *dianoia*) est un mode de pensée intermédiaire que ses objets le sont. Lors du sectionnement de la Ligne, les mathématiques étaient prises comme exemple, le meilleur sans doute, d'une manière de raisonner, mais elles n'étaient qu'un exemple. Les objets mathématiques sont intelligibles, et comme tels ce sont des Formes. Ces Formes sont « supposées » en partant d'images, de représentations, de figurations. Mais ce n'est pas là une caractéristique propre à la seule pensée mathématique ; on peut arriver à saisir la nature de la justice, par exemple, en réfléchissant sur ses *images*, les institutions juridiques dans les différentes cités (lois, tribunaux, sanctions, etc.), tout comme on peut arriver à raisonner sur le Carré en soi à partir d'une figure tracée. Les reflets que le prisonnier commence à percevoir à sa sortie de la Caverne sont donc l'exact équivalent des images sur lesquelles raisonnent tous ceux qui raisonnent, mais en sachant que ce ne sont que des images, alors que ceux qui en sont restés à la conviction *(pistis)* les prennent pour des originaux. Dans l'image de la Ligne, Platon nous présente la pensée rationnelle usant comme d'autant d'images des originaux de la section immédiatement inférieure : il s'agit là des mêmes objets, mais tantôt ces objets sont perçus comme des réalités dignes de foi, tantôt ils ne sont utilisés que comme les images permettant d'accéder à une réalité plus haute (intelligible). Les objets fabriqués sont l'analogue, dans l'allégorie de la Caverne, des « originaux » de la Ligne, les reflets à l'extérieur sont les images dont use la pensée discursive *(dianoia)* : ce sont en fait les mêmes objets, mais comme ils sont connus de deux façons radicalement différentes, ils finissent par être aussi radicalement différents. Entre le rond perçu par un homme ignorant tout de la géométrie et ce même rond connu comme étant l'image d'un cercle, d'une figure idéale à laquelle aucune image n'est parfaitement adéquate, la différence est telle que la ressemblance s'annule. C'est pourquoi les objets fabriqués restent à l'intérieur de la Caverne, alors que les « reflets » perçus à l'extérieur sont le moyen d'accéder aux réalités intelligibles. En fait il n'y a pas deux mondes, mais un même monde : ce qui fait toute la différence, ce ne sont pas les objets eux-mêmes, mais bien les manières dont nous les connaissons. Le rond et le cercle tracés ne sont pas identiques même s'ils semblent, matériellement, l'être. Pour la conviction, l'objet est connu comme ce qui est imité par les ombres, et tenu pour plus réel qu'elles. Pour la raison *(dianoia)*, les mêmes objets sont connus comme étant des images, et comme moins réels que l'intelligible dont ils sont les reflets. Ce faisant, en raisonnant à partir d'images, on s'accoutume à la pensée purement intelligible de l'intelligible. Mais celui qui raisonne et ne va pas plus loin, qui n'arrive pas à la perception du soleil (du Bien), peut penser que la réalité intelligible n'existe que quand il y a reflet, et qu'elle n'est saisissable qu'à partir d'eux. Ses connaissances risquent alors de rester fragmentées, discontinues, partielles, claires quand les reflets seront clairs, brouillées quand ils le seront. En l'absence de la perception du soleil, du Bien, c'est-à-dire de ce à quoi tout cela est bon, le lien qui unit toutes les connaissances manque, ainsi que le but en fonction duquel toutes ces connaissances doivent être pratiquées.

• ***La sortie et ses conséquences.***

Seul celui qui est arrivé à voir le soleil lui-même verra les intelligibles purs, et n'aura plus besoin d'images. Le passage, le changement de lieu, qui jusque-là était ascension pénible et difficile, rend enfin heureux (516 c). Arrivé au terme de l'intelligible, à l'intelligence dialectique, on comprend que la connaissance est bonne et source de bonheur. Ceux « qui en sont arrivés à ce point aspirent à y séjourner » (517 d). Car l'intelligence de ce qui est vraiment permet de « renverser les valeurs », de ne plus même comprendre comment ni pourquoi tous désirent ce qu'ils désirent, craignent ce qu'ils craignent. L'éducation arrivée à son terme opère un changement radical : connaître autrement, cela n'implique pas seulement un changement quant à la connaissance, cela change littéralement tout. Les conséquences de ce changement sont de deux ordres : provisoires d'abord, en ce que les deux passages de l'ombre à la lumière (la sortie de la Caverne) et de la lumière à l'ombre (la redescente) occasionnent ce qui semble être un même trouble, un éblouissement ; définitives ensuite : c'est la pitié éprouvée à l'égard des prisonniers, le refus de redescendre, de parler à nouveau le langage commun, de partager les valeurs et les ambitions communes, en un mot la conscience irréversible d'une différence. Comme le terme de l'intelligible est le Bien, le désir initial de comprendre, qui a rendu possible le long et pénible travail de l'éducation, devient une préférence absolue, une vie qui ne s'échangerait contre aucune autre (VII, 516 d-e-, 521 b). Quant aux conséquences sur les autres prisonniers de la libération d'un seul, elles sont aussi de deux sortes. Celui qui a changé peut accepter (quand il s'agit de ses affaires privées ou des affaires publiques) de se mesurer avec ceux qui sont restés dans la Caverne sur leur propre terrain : il risque fort en ce cas d'être ridicule. L'inexpérience du philosophe, son incapacité à tenir son rôle dans les affaires sérieuses et importantes, est un des reproches principaux de Calliclès à Socrate dans le *Gorgias* (485 a-e), et l'une des accusations majeures dont Platon tente de disculper les vrais philosophes dans la *République* : celle de totale inutilité. Le philosophe, c'est le prisonnier sorti, puis revenu dans la Caverne : il n'est d'ailleurs jamais *réellement* sorti. L'image est une image, elle ne désigne qu'un détournement de l'attention, un événement intellectuel. Il ne s'agit pas physiquement de sortir : de monde, il n'y en a qu'un, et tous les soins que réclament notre corps et les affaires courantes de la vie nous « clouent » à ce monde-là.

• ***L'interprétation de l'allégorie :***
1 - Elle représente l'éducation.

En interprétant son allégorie « à l'aide de ce qui a été dit auparavant » (517 b), Platon tire lui-même deux conclusions. La première en définit l'objet : c'est l'éducation (la *paideia*), dont la tâche est d'arracher l'âme au monde visible pour la mener vers l'intelligible, aux dernières limites duquel se trouve l'Idée du Bien. La seconde montre que la charge des affaires politiques est une contrainte exercée sur le philosophe, explique pourquoi c'en est une et pourquoi le philosophe doit l'accepter. Platon insiste tout d'abord sur le fait que la Caverne est une *image* et que « Dieu sait si elle est vraie ». Mais du Bien en lui-même nous ne savons encore rien, sinon que c'est lui, dans sa réalité, qu'il faut rechercher, et que c'est vers lui que doit s'orienter toute éducation. Il ne s'agit nullement chez Platon de la recherche de « valeurs morales », il s'agit de comprendre qu'il ne sert à rien d'apprendre ou de faire quoi que ce soit, d'enseigner ou d'élaborer quelque science que ce soit, si l'on ne sait pas d'abord ce que l'on veut être. Il est vain de prétendre conduire une politique si l'on ignore ce qui convient à un homme pour qu'il soit parfaitement un homme : un être qui comprend une part « surhumaine » et divine. Le principe de divinité dans l'homme, le moyen qu'il a de se dépasser, de dépasser les intérêts, les opinions, les occupations empiriques, Platon le nomme intelligence. Cette puissance existe en tout homme, mais elle est mal dirigée, mal orientée, au point qu'elle s'en oublie elle-même. L'éducation constitue ce moyen de tourner l'âme vers ce qui lui convient, la nourrit, la satisfait. Elle n'est pas, comme le proclament les sophistes, une simple transmission de connaissances de celui qui sait à celui qui ne sait pas. Avant d'apprendre quoi que ce soit, encore faut-il que l'âme se ressouvienne de sa puissance d'apprendre, de son intelligence. Cela ne lui est possible qu'à la condition de s'être d'abord purgée, purifiée, délivrée de tout ce qui l'encombrait, d'avoir coupé « les masses de plomb » qui l'enchaînent aux plaisirs sensibles. Tous les hommes ont une faculté d'apprendre, mais la plupart se comportent comme s'ils l'avaient oubliée. Et quand ils l'utilisent, ils l'utilisent pour en tirer le plus d'avantages possibles, argent, honneurs, plaisirs.

2 - *Elle justifie le gouvernement des philosophes.*

Ceux qui sont capables d'arriver au terme et d'éprouver la sorte de plaisir qui consiste à penser, n'auront aucune envie de « redescendre », de prendre leur part de vie et d'affaires humaines, et ils risquent de se croire « transportés tout vivants aux Iles des Bienheureux ». Envers les autres États, le philosophe qui s'est formé malgré tout, en dépit de tout, n'a aucune dette. Mais dans l'État idéal on lui a conféré une éducation meilleure et plus achevée, et il lui incombe dès lors d'appliquer son savoir, d'en tirer les conséquences pratiques, afin de sauvegarder ce type d'éducation et ce type d'État. Platon rappelle alors à Glaucon qui « avait oublié » un principe déjà énoncé à propos des gardiens quand il s'agissait de la communauté des femmes et des enfants : ce n'est pas le bonheur d'une classe de citoyens privilégiés qu'il faut réaliser, mais celui de la cité toute entière. On se trouve à présent devant un paradoxe : voulant former les meilleurs gouvernants du meilleur des États, on a formé des hommes qui désirent tout autre chose que gouverner, des hommes qui semblent être les plus étrangers, à la politique —, des philosophes, que tous leurs désirs et tous leurs intérêts détournent de la politique. Quand de tels hommes, par hasard, par miracle, apparaissent dans les États existants, au pire on les met à mort, au mieux on se moque de leurs spéculations et tout se passe, de fait, comme s'ils n'existaient pas. Platon va tenir le paradoxe, et même le pousser jusqu'au bout : la philosophie est bien, en un sens, parfaitement inutile, si l'on ne reconnaît comme utile que ce qui procure la santé, le bien-être, la puissance. Mais si l'on comprend que le philosophe est le seul à pouvoir atteindre et connaître la nature du Bien, donc de ce qui est bon, on comprend aussi qu'il est le seul à pouvoir être vraiment utile à l'État. Or il n'en a nul désir. C'est précisément son mépris du pouvoir, sa répugnance envers ce type de pouvoir, lui qui a découvert une tout autre puissance (celle qui consiste à comprendre, à inventer, à « enfanter de beaux discours »), qui le désignent comme étant le plus apte à gouverner. Parce qu'il préfère une autre manière de vivre, parce qu'il jouit d'une autre puissance et d'un autre plaisir, il faut le contraindre à gouverner. Cela ne lui fera aucun plaisir, car cela ne lui apprendra rien : il ne pourra que se contenter d'appliquer ce qu'il sait déjà, il sera obligé de renoncer à la souveraine liberté de la pensée pour se soucier des conséquences. Mais c'est précisément parce qu'il ne prendra le pouvoir qu'à regret, et l'abandonnera avec joie, qu'il garantira la paix dans la cité. Pour bien conduire les affaires de l'État, il faut donc être tout autre chose qu'un politique, il faut voir de plus haut : et pour former des gouvernants, ce n'est pas les sciences politiques qu'il faut leur enseigner, mais bien des sciences capables de les mener jusqu'au terme de l'intelligible, de la partie la plus brillante de l'être : jusqu'à l'Idée du Bien.

TROISIEME CHAPITRE

Les sciences propres à assurer la conversion
(VII 521 c-532 b)

Problème : quelles sont les sciences propres à éduquer les gardiens qui doivent être philosophes et guerriers ? Rejet de la gymnastique, de la musique et des techniques (521 c-522 b).

1) Il existe une science « générale » : la science des nombres. Or :
— elle est indispensable aux guerriers (522 b-523 a) ;
— elle porte sur des objets qui, éveillant la perplexité dans l'âme, en appellent à l'intelligence : elle est utile au philosophe qu'elle conduit vers l'essence et la vérité (523 a-526 b) ;
— correctement enseignée, elle accroît la vivacité d'esprit (526 b-c).
Donc l'arithmétique convient au but proposé.

2) La géométrie (526 c-527 d)
— elle se rattache à la première, et elle est utile au guerrier ;
— il faut la cultiver, non pour la pratique, mais pour la connaissance.
Première méprise de Glaucon : la véritable utilité n'est pas l'utilité pratique (527 d-528 a).

3) La stéréométrie : c'est une science nouvelle (528 a-e).

4) L'astronomie (528 e-530 c).
Seconde méprise de Glaucon : la distinction du sensible et de l'intelligible n'est pas celle du haut et du bas (528-529 c).

— l'astronomie est l'étude des mouvements intelligibles, réels, et non des mouvements apparents et sensibles ;
— elle doit procéder par problèmes (529 c-530 c) ;

5) L'harmonie (530 c-531 c)
— tout comme les disciplines précédentes, elle est mal enseignée ;
— il y a une harmonie théorique, et elle est mathématique.
Conclusion : toutes ces sciences ne sont qu'un prélude (531 d-532 b).

• ***Le problème de l'éducation intellectuelle.***

Après les trois images nous permettant de saisir à quoi peut ressembler le Bien, Platon va tracer le chemin permettant d'arriver à la seule science capable de saisir le Bien dans sa nature. Ce chemin constitue le terme de l'éducation des gardiens, la partie intellectuelle de leur éducation. Platon dénonce la prétention des sophistes à se charger de la formation intellectuelle des futurs « politiques ». Dans le prologue du *Protagoras,* Socrate définit cette sorte de sophiste comme un homme « qui fait commerce en gros et en détail des marchandises desquelles une âme tire sa nourriture » *(Protagoras, 313 c).* Une âme se nourrit de connaissances. En bon commerçant, le sophiste fait l'éloge, indistinctement, de toutes les connaissances qu'il vend, comme le marchand de nourriture ignore ce qu'il peut y avoir de bon ou de mauvais dans ce qu'on lui achète. Mais les aliments, les boissons, on peut les emporter chez soi dans des récipients, et, avant que le corps ne les absorbe, on peut demander conseil au médecin ou au maître de gymnastique pour savoir ce qu'il convient ou non de manger et de boire, et à quel moment. Quand il s'agit de connaissance, il n'existe pas de récipient : notre âme les absorbe immédiatement. L'âme finit toujours par *ressembler* à ce qu'elle a absorbé. L'éducation ne consiste pas à distribuer, indistinctement et à n'importe qui, des connaissances, mais à procurer un bon environnement, une nourriture convenable. Ce qui révèle la nature d'une âme, sa différence propre, c'est ce qu'elle désire, ce qu'elle tend à se procurer. Si on ne lui procure que des objets à consommer, capables de satisfaire ses besoins et ses appétits sensibles, elle ignorera qu'elle est capable de désirer autre chose. Tous, certes, ne peuvent devenir philosophes, seul un tout petit nombre le peut. Dans sa conception de l'éducation, il s'agit pour Platon à la fois de permettre à ceux qui peuvent devenir philosophes de le devenir, et d'exclure ces dangers que représentent pour l'État idéal l'amour de l'argent et celui du plaisir.

- ***Rappel de la première éducation : elle est insuffisante pour former des gouvernants.***

La première éducation s'adresse à tous : elle se compose essentiellement de « musique » et de gymnastique. Elle a pour but d'éveiller dans l'âme un désir de beauté, de mesure, seul capable de combattre l'avidité et le dérèglement propres aux plaisirs sensuels. La « musique » désigne ici l'ensemble de la « culture générale ». Dans le passage qui la concerne (III, 376 e-403 c), Platon envisage d'abord la littérature, puis la musique proprement dite, enfin les arts plastiques. On sait que la lecture et le commentaire des textes littéraires, en particulier des poèmes (ceux d'Homère et d'Hésiode), formaient la base de l'éducation du jeune noble athénien ; on les accompagnait de la pratique élémentaire d'un art quelconque (lyre, flûte, etc.), de rudiments de calcul, et on les complétait par de la gymnastique. Platon semble donc reprendre les deux composantes principales de l'éducation traditionnelle en leur donnant un tout autre sens : la « musique », en son sens large comme en son sens étroit, étant l'expression du « caractère » d'une âme, possède la puissance d'affecter d'autres âmes. Or « rien ne plonge plus profondément au cœur de l'âme que le rythme et l'harmonie » (III,

401 d). Toute œuvre d'art, même littéraire, même plastique, comporte une sorte de rythme et développe une « harmonieuse élégance ». L'inélégance, l'absence de rythme, la dissonance, sont le signe d'une mauvaise condition de l'âme et la détournent de la beauté. La beauté est une manifestation du Bien, elle est la manifestation à laquelle tous sont sensibles, devant laquelle tous peuvent éprouver du désir, à condition d'avoir été convenablement éduqués. Cependant, une éducation qui n'apporterait que cette sorte de culture risquerait de produire des hommes « mous et efféminés », des amateurs de spectacles, des « consommateurs » de beaux objets. La gymnastique a pour fonction de rétablir un équilibre, de développer la partie énergique de l'âme, de fortifier le courage. Elle a une action sur l'âme, le caractère, et non pas seulement sur le corps. Cultivée avec excès, elle dégénénerait en sauvagerie et en brutalité. La culture et la gymnastique ont pour fonction de développer deux éléments essentiels dans l'âme : la faculté d'apprendre (par l'intermédiaire du plaisir pris à la beauté), le courage (par l'intermédiaire du plaisir pris à l'effort). Penser n'est pas en effet pour Platon une activité purement intellectuelle : pour penser il faut à la fois de l'élégance, le sens du rythme et de la juste mesure, et du courage — celui de se réfuter, de se contredire, d'aller jusqu'au bout de ses questions. Or courage et élégance sont des facultés qu'il faut développer, cultiver, exercer, de telle sorte qu'elles se compensent l'une l'autre. L'âme de celui qui les possède devient alors véritablement bien réglée, elle est la tension harmonieuse entre deux contraires qu'il ne faut jamais annuler, mais maintenir en les corrigeant l'un par l'autre. La fonction de la première éducation est donc de former un homme « musical *(mousikos)*, celui en qui existe « le plus parfait accord ».

- ***Quelles sciences conviendra-t-il d'enseigner ? Préalable : seule la perception d'une contradiction éveille la pensée.***

Dans cette éducation, on n'a fait qu'habituer l'âme à percevoir la beauté propre à l'ordre qui règne dans un monde et dans une âme bien réglés. Sensible à l'harmonie extérieure et intérieure, capable de la garder et de la sauvegarder, une telle âme est une âme de gardien, non de gouvernant. On lui a fourni l'environnement, les exercices, les épreuves, qui lui permettaient de réaliser et de maintenir son équilibre, on ne lui a pas encore enseigné de science *(mathèma)*. Qu'est-ce donc qui a le pouvoir d'élever l'âme, de la détourner du sensible, jusqu'au savoir de ce qui est ? Ni la gymnastique, ni la « musique », ni les arts pratiques ne sont vraiment des sciences : les deux premières parce qu'elles ne font que développer des tendances, exercer des facultés dans l'âme et dans le corps ; les techniques parce qu'elles mettent en œuvre un savoir-faire particulier qui ne peut sortir de son domaine ni s'étendre à d'autres objets. On va donc prendre une connaissance générale, commune, que tous les arts, tous les raisonnements, tous les savoirs impliquent : la science des nombres et du calcul. Pour justifier ce choix, pour distinguer si une discipline est capable de nous faire ou non penser, Platon effectue d'abord une distinction essentielle. Parmi nos sensations, certaines n'appellent pas la pensée à réfléchir parce que la sensation suffit à discerner, à juger correctement. D'autres au contraire, parce que la sensation est insuffisante, incitent à réfléchir. Lorsque je vois trois doigts, chacun paraît être un doigt, et ne diffère en rien, sous ce rapport, des deux autres. En ce sens celui qui voit un doigt et qui le nomme, qui sait donc reconnaître que c'est un doigt, puis un autre, puis un autre, n'a nul besoin de faire appel à la pensée. Autrement dit, le nom ici sert à désigner, à identifier un objet, et réciproquement l'objet suffit à donner un sens au nom, à le définir. Si l'on me demande ce qu'est un doigt, point ne sera besoin de parler, il suffira d'en montrer un. Il existe donc des mots qui sont suffisamment compris lorsqu'ils se réfèrent, par l'intermédiaire de la sensation, à des objets : le mot est alors un simple *signal* qui renvoie immédiatement à la chose désignée. Mais cela ne fonctionne qu'à la double condition que le mot soit assez général pour s'appliquer à une classe d'objets dont je ne considère pas les différences, et que la sensation soit simplement ce processus de reconnaissance, d'identification d'un objet habituel par un mot conventionnel. Je dis que je sais ce qu'est un doigt simplement parce que je suis capable d'associer n'importe quelle perception de n'importe quel doigt au mot « doigt ». La perception a alors une fonction d'identification, le langage une fonction de désignation. Et tant que l'on désigne par le même mot le même genre de choses, et que tous ceux qui parlent la même langue s'accordent sur cette désignation, il n'y a aucune contradiction, donc aucun problème. Les problèmes et les contradictions commencent quand il s'agit de qualifier l'objet, non quand il s'agit en le nommant de l'identifier. Lorsque j'essaie d'accorder une qualité à un objet, je peux être en proie à deux sensations opposées. Or, dans le cas précédent, la notion même d'opposition, de contrariété, n'avait pas de sens : il n'y a pas de *contraire* d'un doigt, je vois un doigt ou je n'en vois pas, donc c'est un doigt ou ce n'en est pas un. Mais si je qualifie le doigt de grand ou de petit, de dur ou de mou, d'épais ou de mince, je m'aperçois que je peux en même temps percevoir un même doigt comme grand (l'index par rapport au pouce) et comme petit (l'index par rapport au majeur), comme dur et comme mou, etc. La perception *confond*, c'est même là sa nature, son essence : lorsqu'elle se contente d'inclure tous les doigts, chaque doigt, dans la classe des doigts, la confusion est utile puisqu'elle permet en dénommant, en négligeant les différences, d'identifier, de s'y reconnaître. Mais lorsqu'il s'agit de qualifier, c'est-à-dire de juger — ce doigt est grand ou petit —, elle atteint sa limite, elle devient à l'évidence *insuffisante.* Je peux parfaitement percevoir un même objet comme petit et comme grand, chaud et froid, dur et mou, mais je ne peux pas, si je *pense*, ne pas me demander comment il est possible qu'une seule chose présente deux déterminations opposées. Dans le *Phédon*, Platon présente la « réminiscence » par un raisonnement comparable (74 a-75 c) : deux bouts de bois peuvent me sembler en gros égaux, mais si je les regarde de plus près ou sous un autre angle, ils m'apparaîtront inégaux. Il n'y a pas dans le sensible d'égalité parfaite, pas de grandeur qui ne soit toujours plus petite relativement à une autre, pas de beauté qui ne soit sous un certain angle un peu laide, pas de justice qui ne soit un peu injuste (voir aussi *République* V, 479 b). L'Égalité parfaite, la Grandeur absolue, la Beauté, la Justice excluent totalement leur contraire et sont incompatibles avec lui ; elles peuvent être pensées, définies, elles ne peuvent pas, sensiblement, exister. Dans ce passage du *Phédon*, Platon insiste sur le fait que c'est à partir des égalités perçues entre deux choses sensibles que l'on arrive à une idée de l'Égal. Et pourtant nous ne pouvons pas tirer des égalités sensibles notre savoir de l'Égalité parfaite : les choses égales ne sont donc qu'une occasion et, en plus de les percevoir, encore faut-il les dire égales. Dans le *Phédon,* les choses sensibles sont une occasion de se « ressouvenir » de la Forme ; dans la *République,* elles sont l'occasion d'une réflexion. Entre la Forme et les choses qui en participent, il existe une relation ambiguë : l'Égalité atteinte par la pensée seule à la fois diffère des choses égales qui manquent d'égalité vraie et y tendent, et pourtant elle leur ressemble puisque je peux les qualifier d'égales. Platon distingue ici entre deux sortes de connaissances sensibles ; l'une suffit à désigner, à discerner : c'est bien évidemment une sensation consciente, l'âme y a part, mais elle n'est pas « perplexe » et elle ne se sent pas excitée à réfléchir : la perception consciente et correcte, la dénomination commune suffisent ; l'autre fait l'expérience de la contradiction. Or l'âme ne sait pas ce que *signifie* une sensation qui lui donne en même temps deux qualités contraires, elle ne sait pas comment l'interpréter. La pensée distingue alors entre les qualités rapportées par la sensation à un seul objet ; elle se donne, non plus un objet à la fois petit et grand par exemple, mais la grandeur et la petitesse en elles-mêmes, comme objets à voir, comme distinctes et comme contraires, et elle s'interroge alors sur ce que peuvent bien être grandeur et petitesse. Seule la contradiction réveille, empêche de « rêver » : de prendre l'image perçue pour l'objet, la chose même. L'expérience de la contradiction, expérience sentie, jointe à l'impuissance de la sensation à résoudre cette contradiction, éveille la pensée en éveillant d'abord l'embarras dans l'âme, et l'examen.

Dans ce passage du Livre VII, il importe de noter les points suivants :

1) Par sensation *(aisthèsis)*, Platon entend une activité de l'âme se rapportant à un objet par le moyen des sens. C'est toujours l'âme qui interprète au moyen de ce qu'elle sait déjà (d'un souvenir) ou croit savoir, et qui identifie l'objet en le nommant.

2) L'âme peut interpréter immédiatement, sans embarras ni perplexité, ce que les sens lui fournissent : elle croit alors pouvoir se fier aussi bien à la sensation qu'au langage, elle est dans l'état même de la pensée irréfléchie, de l'opinion droite.

3) Si nous n'avions que de telles perceptions, il n'y aurait jamais besoin de sortir de l'état d'opinion : il nous suffirait de nommer droitement, avec l'accord de tous, et toutes les fois où cela se présente, un doigt un doigt, une marmite une marmite, etc. Nous ne sortirions jamais de ce repérage apparemment correct du sensible ; nous ne ferions jamais appel à la pensée et nous n'aurions nul besoin des objets qu'elle est seule à pouvoir définir.

4) Mais il existe une expérience courante, banale, qui suffit à mettre en évidence l'insuffisance de la sensation : celle de qualités contraires ressenties en même temps dans un même objet. Cette expérience éveille l'embarras dans l'âme qui peut percevoir un objet comme à la fois grand et petit, une personne comme aimable et haïssable, un acte comme juste et injuste. L'âme peut fort bien oublier cet embarras, le tenir pour un accident négligeable, ou au contraire s'y installer, et en déduire qu'une connaissance exacte et vraie est impossible ; c'étaient là les dangers qui guettaient le prisonnier capable de tourner la tête, mais non encore sorti de la Caverne.

5) L'expérience de la contradiction ne rend donc pas nécessaire le passage à la pensée : ce passage peut fort bien ne pas se produire. L'énoncé des contradictions sensibles est l'occasion de se mettre à réfléchir, il appelle, invite à penser, mais il ne contraint pas à penser. Sans cela tous seraient mathématiciens ou philosophes, ce qui, selon Platon, n'est certes pas le cas.

- ***Les raisons du choix de l'arithmétique comme première science à enseigner.***

Or il existe une contradiction propre à *tout* objet sensible, quel qu'il soit : il est toujours en même temps à la fois un et indéfiniment multiple. Socrate, la table, sont uns en ce qu'ils sont ce Socrate, cette table, mais ils sont composés d'une multiplicité de parties presque indéfiniment divisibles. S'il y a une chose dont la perception sensible est impuissante à nous donner la réalité, c'est bien l'unité. Une « unité » sensible n'est une que grossièrement, de loin, en perspective. Toute perception plus fine, plus proche, décomposera l'unité précédente en une multiplicité d'unités, elles-mêmes à leur tour décomposables, et ainsi de suite. Une unité indécomposable, toujours identique et égale à elle-même, n'existe qu'en idée, et par la pensée. L'unité fournit donc l'exemple par excellence d'une réalité qui n'est qu'intelligible, et qui n'existe qu'en tant qu'un certain type de pensée l'a produite en la définissant. Ce qui est vrai de l'unité est vrai aussi de tout nombre obtenu par l'addition d'unités identiques. Le calcul et l'arithmétique sont des sciences du nombre : ce sont donc des sciences propres à nous faire sortir de ce « rêve » qu'est l'opinion, propres à éveiller la pensée. Le calcul (*logistikè* : l'art d'additionner, de soustraire, de compter...) et l'arithmétique (la théorie des nombres) sont parmi les sciences recherchées ; ils ont le pouvoir de faire passer l'âme de la sphère du devenir à celle de la vérité. L'arithmétique suffit à nous faire comprendre qu'il y a des objets que la pensée saisit seule, elle-même et en elle-même, et dont il n'existe nulle représentation sensible ; l'unité qui est parfaitement égale à toute autre unité et qui n'a pas de parties n'existe que pour la pure intelligence. Une telle unité *manque* au sensible bien que, comme il est dit dans le *Phédon*, le sensible y « aspire ». C'est ce « manque », cette déficience, qui appellent l'âme à penser[1]. L'existence de l'arithmétique suffit à démontrer ce pouvoir de l'âme de connaître des objets qui, bien que dépourvus d'existence sensible, n'en existent pas moins puisqu'ils ont des propriétés, qu'ils entrent dans des opérations, et qu'ils possèdent même des applications pratiques : le négoce et l'art de la guerre. Mais ce n'est pas pour l'utilité de ses applications, pas plus que pour sa généralité (toutes les autres connaissances, théoriques ou pratiques, ont en effet recours à une forme de calcul), qu'il faut placer l'arithmétique au rang des sciences à enseigner au futur gouvernant. C'est avant tout parce que la science des nombres est celle qui, le plus évidemment et avec le plus de violence, détourne du sensible, de ses fausses évidences

1. Platon n'emploie pas ici, comme dans le *Phédon*, le terme de « réminiscence » qui lui servait à faire comprendre qu'une Forme intelligible ne peut pas se *tirer* par abstraction des choses sensibles, et que c'est seulement dans l'acte de penser que l'âme peut découvrir une Forme intelligible. La réminiscence était un mythe, qui supposait que l'âme avait contemplé avant son incarnation les Formes dont, à l'occasion d'expériences sensibles décevantes, elle se ressouvenait. Le mythe ici est inutile.

comme de ses fausses certitudes, pour arriver à la clarté, à la parfaite précision, à l'exactitude achevée. L'unité arithmétique ne représente pas un objet sensible, car les unités sensibles, on ne peut, puisqu'elles sont naturellement inégales, les additionner en toute rigueur, ni les soustraire, ni les diviser : un et un font deux, mais un bœuf et un bœuf ne font pas deux bœufs, seulement un bœuf à côté d'un autre bœuf (*Philèbe*, 56 e). Il y a pourtant deux usages possibles de l'arithmétique : on peut l'apprendre pour en tirer des conséquences pratiques, utiles, et l'apprendre pour comprendre clairement la différence entre le sensible et l'intelligible, l'opinion et la vérité. De plus, la science des nombres, parce qu'elle est difficile, a au suprême degré le pouvoir d'exercer l'esprit. Il existe donc une triple raison de mettre l'arithmétique au premier rang des cinq sciences à enseigner : elle est ce qui garantit au philosophe l'existence d'objets intelligibles, elle exerce l'intelligence, et elle a des applications pratiques, en particulier stratégiques.

- ***La fonction « propédeutique » commune à toutes les sciences.***

La science des nombres est née d'un embarras (d'une aporie) éprouvé par l'âme devant l'impossibilité où elle se trouve de démêler dans le sensible une véritable unité, donc une véritable multiplicité. Les sophistes et les éristiques (les « disputeurs ») ne cessent d'exploiter les paradoxes de l'un et du multiple pour paralyser leurs interlocuteurs et pour démontrer l'impossibilité d'atteindre, de connaître et d'exprimer une vérité. La science des nombres suffit à montrer que ces paradoxes ne sont que des arguties de langage, l'exploitation habile des contradictions du sensible. Cette contradiction existe, l'arithmétique est issue d'une vraie difficulté qu'elle a résolue en pensant, et en pensant clairement. On ne peut apprendre une telle science sans être contraint de penser et de raisonner à son tour. En cela réside la véritable utilité de l'arithmétique, et la véritable utilité des cinq sciences choisies par Platon pour constituer une propédeutique (un enseignement préalable) à la dialectique. Elles ont toutes pour objet de « purifier et de raviver un certain organe de l'âme, perdu et rendu aveugle par les autres occupations », cet organe « grâce auquel, seul, on peut voir la vérité » (527 d-e). Toutes ces sciences ont pour fonction de nous apprendre à penser, de nous apprendre ce que c'est que penser, et que ce n'est pas manipuler, classer ou ordonner des objets sensibles. Elles possèdent le pouvoir de nous tirer vers des objets dont la réalité diffère de celle des objets sensibles, et qui ont comme manière d'être le « toujours » (527 b). « Toujours » ne signifie pas une durée indéfinie, une existence plus longue ou plus durable que celle du sensible, mais une manière d'être, une essence radicalement différente, n'entrant ni dans le devenir ni dans la durée. Ces sciences nous font découvrir l'essence même de la connaissance, elles doivent être cultivées non pas pour elles-mêmes mais « en vue de la connaissance » (527 b). Toutes les sciences énumérées par Platon n'ont affaire qu'à de l'intelligible. Elles présentent aussi une autre sorte d'utilité, une utilité pratique : l'arithmétique et la géométrie servent aux commerçants comme aux arpenteurs et aux militaires ; le laboureur, le navigateur et le général utilisent l'astronomie, les musiciens ont besoin de l'harmonie. Platon ne méprise pas ces applications, il ne cesse au contraire de montrer l'utilité de ce genre de connaissance pour tout art pratique. Et comme il ne faut pas oublier que les gouvernants doivent être à la fois des philosophes et des guerriers, il insiste sur la nécessité pour le stratège de pratiquer ces sciences. Mais il critique la façon dont elles sont habituellement enseignées et la perspective dans laquelle elles le sont.

• ***Les cinq sciences « propédeutiques » : comment les enseigner.***

Le choix de ces sciences n'est pas une originalité de Platon. Les Pythagoriciens avaient élaboré un semblable programme d'éducation comprenant l'arithmétique, la musique, la géométrie et l'astronomie. Le pythagoricien Archytas, auquel Platon fait allusion en 530 d, parlait des « sciences sœurs », et les sophistes en dispensaient aussi l'enseignement. Ce programme semblait assez communément répandu au début du IVe siècle, et peut-être même avant. Platon, il est vrai, ajoute une cinquième science, la stéréométrie ou science des solides. Il ne l'invente pas, mais il l'émancipe de la géométrie. Cependant, si ces sciences étaient enseignées, leur vraie valeur, leur véritable utilité était méconnue. La grande différence entre l'éducation proposée par Platon dans ce Livre VII et les autres enseignements dispensés jusqu'à lui réside dans la manière dont il conçoit leur enseignement. Il ne s'agit pas en effet selon lui de faire de la géométrie pour devenir géomètre ou bon général, ou de l'harmonie pour devenir habile musicien. Les sciences ne sont que des passages, des moyens, elles ne doivent être cultivées qu'en fonction d'un but qui les dépasse, et qu'elles sont, pour leur part, incapables de saisir. C'est pourquoi on doit les étudier et les apprendre *autrement*. Sinon, si on ne les cultive, à la manière des sophistes, que pour leurs applications pratiques, elles tournent l'âme vers le bas, vers le sensible[1]. S'il faut pratiquer ces cinq sciences (arithmétique, géométrie, stéréométrie, astronomie, harmonie), ce n'est pas pour en tirer une connaissance du monde, c'est pour acquérir une pratique de la pensée et

1. Isocrate, un contemporain de Platon, voit aussi dans ces sciences une « gymnastique » apte à exercer l'esprit. Mais, alors que Platon leur assigne comme fonction l'apprentissage d'une autre manière de penser, Isocrate prend ces sciences comme de simples occasions de développer l'agilité intellectuelle et ne leur reconnaît d'autre utilité que pédagogique. Car le but de l'éducation ne consiste pas, selon lui, à former des philosophes, mais des sages (*sophoi*) : des hommes compétents et de jugement sain, « capables, par leurs opinions, de tomber le plus souvent sur le meilleur ». (*Sur l'Echange*, § 271).

une autonomie du penser. C'est pourquoi Socrate se moque de Glaucon lorsque ce dernier, croyant avoir compris et prenant à la lettre les métaphores du « haut » et du « bas », donne pour raison de cultiver l'astronomie le fait qu'elle nous force à « regarder en haut ». Si c'est du sensible que l'on regarde, « que ce soit sur terre à plat dos ou sur mer en faisant la planche », c'est vers le *bas* que l'on regarde (529 b-c). Tout est donc une question de méthode. La science des nombres (l'arithmétique), celle de l'espace à deux dimensions (la géométrie) et celle des solides (la stéréométrie) sont des sciences mathématiques. Elles n'ont rien à voir avec le sensible, avec l'observation, elles ne doivent mettre en œuvre qu'un raisonnement pur : elles peuvent être, et ont depuis d'ailleurs été, intégralement « axiomatisées », formalisées. En ce qui concerne l'astronomie (l'étude des solides en mouvement) et l'harmonie (l'étude des mouvements des solides en tant qu'ils produisent des sons), une position comme celle de Platon pourrait sembler plus contestable. L'astronomie est une science d'observation : en parlant de « problèmes », de « raisonnement pur », Platon veut-il dire qu'on peut arriver à la vérité en astronomie sans observation ? Il dit seulement qu'il ne faut pas s'y arrêter, que l'observation est insuffisante. Il distingue les mouvements apparents des corps célestes de leurs mouvements réels, et il pense qu'il faut considérer ces mouvements apparents comme des symboles, des « paradigmes » de leurs mouvements réels. La différence est que les mouvements réels sont intelligibles et obéissent à des lois simples géométriquement descriptibles, alors que les mouvements apparents, observés, sont, sans cette interprétation mathématique, inintelligibles ou trompeurs. De même, il voit dans la science de l'harmonie tout autre chose que l'habileté empirique de ceux qui, ayant « une bonne oreille », sont capables de discerner les sons et d'accorder leurs instruments. Avec les Pythagoriciens pourtant, l'harmonie paraît dépasser l'empirique. Grâce à un dispositif ingénieux et simple, ils découvrent en effet le moyen d'exprimer mathématiquement les intervalles musicaux. Il suffit de tendre une corde sur une règle de bois (le « canon ») divisée en quatre (ou douze) parties égales ; on pince d'abord la corde entière, puis une longueur de corde plus petite de façon à obtenir un ton symphone de celui de la corde entière : la mesure de la petite longueur de corde, donnée par le « canon », rapportée à la mesure de la longueur totale, permet de déterminer numériquement l'intervalle musical. Les Pythagoriciens montrent ainsi que l'octave, par exemple, se caractérise par le rapport 4 :2, la quinte par le rapport 3 :2, le quarte par le rapport 4 :3, etc. Cependant, selon Platon, ils n'ont pas compris toute la portée de leur découverte. La simple expression numérique ne suffit pas à constituer l'harmonie en science véritable. En restreignant leurs recherches aux accords « que l'on peut entendre », les Pythagoriciens restent impuissants à s'élever jusqu'à la vraie question : qu'est-ce qui explique que deux sons s'harmonisent ou pas ? L'harmonie ne deviendra une véritable science que si elle se révèle capable de résoudre, mais surtout de formuler, le problème qui la commande : « Quels sont les nombres harmoniques, ceux qui ne le sont pas, et pourquoi ? » (531 c). Tout comme les sciences mathématiques, l'harmonie et l'astronomie doivent procéder par *problèmes* et non par accumulation d'observations, ces dernières fussent-elles numériquement exprimées. C'est précisément leur capacité à problématiser qui leur confère une « parenté » avec les trois premières sciences. Certes les mouvements du ciel visible n'auront jamais l'invariabilité, la parfaite régularité de leur description mathématique, le sensible ne peut être réduit à l'intelligible ; mais il peut être compris grâce à l'intelligible.

Les cinq sciences propédeutiques ne sont cependant que « le prélude de l'air qu'il faut apprendre ». Elles ont en commun : le type d'utilité qui leur est propre ; leur caractère intermédiaire qui en permet toujours un double usage, théorique ou appliqué ; enfin leur nature hypothétique, qui tient à ce que l'âme raisonne à partir d'images sans remettre en question ses hypothèses. Or, plus on insistera sur la fécondité de leurs résultats, plus on les utilisera pour des applications pratiques, moins on sera tenté de se retourner vers les hypothèses de départ pour les remettre en question. C'est pourquoi Platon insiste tant sur la manière dont ces sciences doivent être cultivées et enseignées, sur le fait qu'on ne doit jamais perdre de vue qu'elles ne sont qu'une transition et un passage. Ceux qui y sont habiles ne sont pas « dialecticiens ».

QUATRIÈME CHAPITRE

La dialectique
(532 a-535 a)

Transition (532 a-533 a)
— retour sur la Caverne pour justifier cette notion de « prélude » ;
— question de Glaucon : qu'est-ce alors que la dialectique ?
— Socrate refuse de répondre, mais réserve à cette science seule la connaissance du Bien.
La différence de la dialectique d'avec les arts, d'avec les autres disciplines.
— cette différence tient à ce qu'elle est intelligence de l'essence : retour sur la Ligne (533 b-534 b).
Elle est la seule vraie science : elle peut seule *savoir* ce qu'est le Bien, au lieu d'en avoir une simple opinion (534 b-d).
Elle est la plus haute science, et doit être enseignée aux gouvernants (534 d-535 a).

- ***Seule la dialectique a la puissance de parvenir au terme de l'intelligible.***

Comment Platon présente-il alors ce qui est le terme, le but de toute l'éducation des gardiens dans la *République* ? Tout d'abord la dialectique est une puissance, une capacité : celle de donner et de recevoir le *logos*. Est dialecticien celui qui n'arrête pas le mouvement de la pensée, qui ne l'emprisonne pas dans des hypothèses de départ ou des règles de raisonnement. Platon nommera plus tard la dialectique « la science des hommes libres ». La dialectique est le mouvement, le cheminement (532 b) de la pensée : elle est libre de mettre en question tous ses points de départ, de critiquer les vérités qui semblaient le mieux établies, les valeurs qui semblaient les mieux assurées. La pensée doit pouvoir circuler, elle a pour élément propre le discours, et le discours est ce mouvement qui tente de saisir quelque chose de ce qui est. Donner des règles au discours, que ces règles soient rhétoriques ou logiques, c'est le priver de sa liberté d'errer en tous sens, de divaguer. Et faute de cette divagation, de cette liberté qui consiste à abandonner un sujet pour un autre, à explorer à loisir de multiples hypothèses (même si on semble s'écarter de ce qui était en question), à parler par exemple, comme le fait Platon dans la *République*, de la poésie et des arts d'imitation, ou des mathématiques et de la dialectique, quand il s'agit de définir un État juste, on ne risquera jamais d'atteindre quelque chose de vrai. La pensée et la parole prennent leur élan pour atteindre un objet qu'elles ne sont jamais assurées de trouver. C'est pourquoi, elles requièrent quelque chose comme une « inspiration », une « réminiscence » grâce auxquelles, soudainement, celui qui cherche sait où et comment chercher, par où aller, quelle idée il faut introduire à ce moment là de l'examen dialectique, pour découvrir (ou inventer ?) ce que l'on cherchait.

La dialectique est donc un terme, elle est la « plus haute science » ; on ne peut l'entreprendre qu'après s'être formé de toutes les autres façons, par la gymnastique et par la musique, par les mathématiques comme par l'astronomie et par l'harmonie. Qu'elle soit un terme, c'est ce que signifiaient les deux images de la Caverne et de la Ligne, que Platon reprend ici. La Caverne filait une métaphore : de même que la vue, l'organe le plus perçant du corps, finit par contempler l'objet naturellement le plus lumineux, le soleil, de même l'intelligence, ce qui a le plus de valeur en l'âme, s'élève vers la vision du plus excellent de tous les êtres. Mais en arriver là, c'est arriver au terme du visible et au terme de l'intelligible. Si la dialectique est seule capable de saisir l'essence, elle est seule capable de saisir l'essence du Bien. Or il n'y a rien de meilleur que le Bien, rien qui détienne plus de valeur que ce qui est la source même de toute valeur. Le Bien est le terme de l'intelligible, ce en vue de quoi il faut penser, puisqu'il permet d'affirmer que la pensée a plus de valeur que l'opinion, et donc qu'il faut penser : il est la source de tout « il faut ».

Dans le *Philèbe,* Socrate demandera : qui voudrait d'une vie de plaisirs sans pensée (donc de plaisirs qui ne seraient même pas conscients) ? Mais qui voudrait d'une vie de pensée sans plaisir ? Or le propre du Bien est de se suffire, de ne manquer de rien, et de suffire. La pensée ne suffit pas, si par « penser » on entend ce pur exercice qui consiste à raisonner rigoureusement à partir d'hypothèses de départ qu'on pose « sans y toucher ». C'est à quoi se réduit la pensée, à être une gymnastique logique, mathématique, si l'on ne suppose pas comme son terme le Bien. Ce qu'il est, nous ne pouvons pas encore le savoir, « mais qu'il y ait quelque chose de tel à voir, c'est ce qu'il faut affirmer ». On comprend dès lors le lien entre tous les thèmes abordés jusqu'ici : s'il n'y avait pas le Bien, s'il n'était pas une idée, s'il était une simple opinion et s'il s'éparpillait dans les « biens » sensibles, il n'y aurait d'autre manière de penser que celle de la raison à l'œuvre dans les cinq sciences propédeutiques. Nous ne pourrions alors atteindre le Bien que par opinion, dans l'expérience du plaisir ou de la gloire. Nous vivrions comme si les biens apparents étaient réellement bons, et d'autre part nous « penserions », c'est-à-dire que nous ferions des mathématiques ou quelque chose d'approchant. Platon ne définira jamais le Bien, mais dans le *Philèbe* (le dialogue qui lui est consacré), il nous indiquera le « chemin vers sa demeure » : une vie qui soit une juste mesure de plaisir et d'intelligence, et aussi le triple apparaître sous lequel le Bien se manifeste : la Beauté, la Vérité et la Proportion.

- ***Le refus de définir la dialectique. La première raison : l'élan est insuffisant.***

A deux reprises Platon nous indique, d'abord à propos du Bien (506 e), puis à propos de la dialectique (533 a), que tout cela « est trop haut pour l'élan qui à présent nous anime ». Dans le second cas Socrate ajoute que Glaucon ne serait plus capable de le suivre, car ce ne serait plus l'image du Bien qu'il verrait, mais le vrai Bien lui-même. Or l'ensemble de la *République* a pour fin de substituer une bonne image à une mauvaise, une image droite à une image pervertie et déformée. Qu'il s'agisse de la justice ou des autres vertus, sagesse, courage et tempérance, du philosophe et de la philosophie, de l'éducation, de la dialectique ou du Bien, dans tous les cas il faut substituer aux images sur lesquelles vit le plus grand nombre, ombres projetées sur la paroi de la Caverne, les vraies images que représente par son discours celui qui, sorti de la Caverne, a pu saisir la réalité vraie. Mais cette substitution exige et implique un bouleversement total, un renversement radical : il ne faut pas moins que la constitution de la cité idéale, ses gardiens et ses gouvernants, pour imposer à tous ces bonnes images et les sauvegarder. Dans la *République*, Platon s'arrête à ces « bonnes images ». Toute la partie centrale a pour fonction de mettre en place les conditions permettant de dépasser le niveau de l'image. Il faudrait que des hommes, animés par un élan vers la connaissance de chacun des étants et convenablement éduqués, se mettent à pratiquer l'occupation qui leur convient en propre et qui est la philosophie. Il faudrait donc que la dialectique cessât d'être saisie à travers des images, simplement décrite dans son mouvement, pour être enfin effectivement pratiquée. Mais comme il ne faut pas se croire installé de son vivant dans l'Ile des Bienheureux, comme c'est la pire des injustices et l'essence même de l'injustice que d'être gouverné par plus mauvais que soi ; comme d'autre part on ne peut porter les yeux sur le sort réservé à la philosophie dans les États existants sans être saisi de colère ; comme enfin il n'y a pas de plus grand mal, tant pour la philosophie que pour l'État lui-même, que la perversion des naturels philosophes : pour toutes ces raisons, Platon, qui ne doit pourtant rien à l'État athénien, qui s'est sauvé tout seul et aussi grâce à Socrate, se contraint à « redescendre », à achever en mots le tableau de la cité idéale. Cette cité n'est pas une cité de philosophes, c'est une cité dans laquelle il faudra contraindre les philosophes à gouverner. Quand ils gouverneront, ils ne philosopheront plus, ils ne seront plus dialecticiens, ils seront politiques ; ils appliqueront un savoir que l'exercice dialectique leur aura permis d'acquérir. De ce savoir nous ne saisissons dans la *République* que les conditions : nous découvrons qui y est propre, quelle éducation en facilite l'exercice. Nous comprenons que, si le gouvernant doit posséder un savoir, ce savoir n'est ni technique ni mathématique, parce qu'il doit être *aussi* le savoir du Bien, de ce qui est bon et utile. Les politiques, les gouvernants, doivent posséder un tel savoir sous peine d'être inutiles ou même nuisibles à la cité, ils doivent être dialecticiens. C'est ce paradoxe que Platon avait entrepris de démontrer. Pour cela, il lui fallait d'abord établir que le Bien ne consistait pas en une multiplicité de biens : il n'y a donc pas un bien propre, spécifique à l'État, car alors les politiques pourraient affirmer qu'ils possèdent une connaissance de ce bien-là. Le Bien n'est pas une somme, c'est une Idée, unique et saisissable dans son unité par la seule science dialectique. Or lorsque Glaucon demande à Socrate de définir « cette puissance de la dialectique » et de dire en combien d'espèces elle se divise et quelles sont ses « voies » (532 d-e), Socrate refuse de répondre. Nous venons de voir la première raison de ce refus : ce n'est pas là l'objet de la *République* ; il suffisait, pour démontrer la nécessité pour les gouvernants d'être philosophes (c'est-à-dire dialecticiens), d'établir que le Bien était une Idée, qu'une science en était possible, et que cette science était dialectique. La seconde raison, celle donnée par Socrate, est que Glaucon « ne pourrait plus suivre » : mais ce n'est pas une vraie raison, ou plutôt elle rejoint celle que nous venons de donner. Car c'est bien

Platon qui dans les Dialogues *choisit* ses interlocuteurs ; il *détermine* leur « nature » en fonction du niveau de discours qu'il veut donner à chaque dialogue, en fonction de l'objet qu'il se donne et de la méthode qu'il veut mettre en œuvre.

- ***La seconde raison : la dialectique, entreprise de définition, n'est pas elle-même définissable.***

Il y a cependant une seconde vraie raison. Ce que Glaucon requiert ici de Socrate, c'est une *définition* de la dialectique, une définition dialectique de la dialectique. Or une telle définition est impossible : d'abord parce que la dialectique est une puissance, une faculté, et qu'une faculté ne peut s'exercer sur elle-même, se retourner sur elle-même pour se prendre comme objet. Pas plus que l'œil, qui voit, ne se voit lui-même, la dialectique, puissance de saisir l'intelligible, ne peut se saisir elle-même. Puissance de saisir les étants, les Formes, elle n'est pas elle-même une Forme. Elle n'est pas une Idée, et il n'y a pas d'Idée de la dialectique : elle n'est donc pas divisible en « espèces ». Elle n'est pas davantage une « méthode » : on ne peut décrire les « voies » (*odoi* = les chemins ; *methodoi* = les chemins qu'on utilise pour aller vers quelque chose), les méthodes de la dialectique, parce que ses chemins varient selon celui qui la pratique et selon l'objet à définir. Il n'existe donc pas de « règles de la méthode dialectique » que l'on pourrait énoncer indépendamment de l'exercice dialectique. Un tel exercice exige certes un naturel convenablement éduqué mais surtout un naturel bien doué pour cette pratique, doté d'agilité et de rigueur intellectuelle, et inspiré aussi par un désir de chercher, de trouver. Cette part d'inspiration, « de grâce », cette capacité à se laisser mener, conduire par l'objet de la recherche sans en décider ni en préjuger, interdit à la fois qu'on se serve des résultats qu'on a pu découvrir au cours d'une autre recherche, et qu'on définisse des procédés valables pour n'importe quelle autre recherche. La dialectique est un effort toujours à recommencer, aucune Forme ne peut être atteinte et comprise de la même façon qu'une autre Forme, et la manière dont elle doit être recherchée est imprévisible, implique des détours et des retours. Les dialogues de Platon sont pleins de ces « surprises », à commencer par ce curieux traité politique qu'est la *République*. Pour Platon on ne conduit pas sa pensée, on doit se laisser conduire par la Forme, quelles que soient les « divagations » que cela implique. La dialectique, qui tente de donner la définition de chacun des étants qu'elle recherche, ne peut se définir.

• ***La dialectique est un chemin vers l'essence de chaque réalité.***

Comme elle ne peut se définir, Platon commence par la situer à l'aide des images qu'il a précédemment données. L'image du Soleil et celle de la Caverne lui permettent d'affirmer qu'elle est un savoir différent de tous les autres, et supérieur à eux puisqu'elle en est le but. Elle comprend le Bien parmi ses objets, et si nous ne savons pas ce qu'il est nous pouvons affirmer « qu'il y a au moins quelque chose de tel à voir ». L'idée du Bien a rempli sa fonction qui est de différencier. Les savoirs « techniques » sont tous relatifs aux opinions et aux appétits des hommes : ils ne posent que la question de la valeur des moyens, ils ne posent jamais la question des fins. Ils produisent et entretiennent sans savoir ce qu'il est bon de fabriquer ou d'entretenir. Ils sont responsables de cette inflation de la cité, de la « maladie » qui la pousse à toujours produire et consommer davantage. Ils contribuent à la tyrannie de la partie « appétitive » de l'âme. Quant aux savoirs rationnels, « dianoétiques », ce sont des savoirs de « rêve », non parce qu'ils sont hypothétiques, mais parce qu'ils n'ont pas suffisamment conscience de l'être. La raison pose bien des idées, manipule des réalités intelligibles, mais elle ne les pense pas. Tout se passe comme si, s'arrachant à un mode de penser empirique (à l'opinion), elle s'épuisait dans cet effort, sans qu'il lui reste assez de puissance pour interroger et répondre, donner et recevoir le *logos* des Formes qu'elle pose. La raison pose des Formes pour pouvoir les définir et en découvrir les propriétés, mais elle ne se demande jamais pourquoi elle les pose, ce qu'implique le fait de les poser, ni si elle a « raison » d'en poser certaines et pas d'autres. Une fois qu'il a défini par exemple l'unité, le mathématicien se moque de celui qui prétend la diviser ou la multiplier. Mais son unité n'a qu'une unité de « rêve », elle n'est pas une que par définition, par convention, elle n'est *vraiment* une. Le dialecticien saura, au contraire, qu'il est possible d'introduire de la multiplicité au sein de l'unité, à condition que cette multiplicité soit intelligible (et non pas sensible), et à condition aussi que l'unité soit réelle. L'unité intelligible a une puissance, c'est une unité dynamique, capable de résister à sa division, de comprendre le multiple et de l'intégrer sans s'évanouir pour autant. A cette sorte d'unité correspond la capacité « synoptique » du dialecticien (VII, 537 c), capable de voir ensemble, en même temps, l'unité d'une multiplicité intelligible. Cette unité peut être atteinte de diverses façons : à la différence des objets de la raison, dont une seule définition est correcte, les Formes ne sont pas épuisées par l'énoncé qui les définit. D'abord parce qu'une définition dialectique n'est pas un énoncé mais consiste en un cheminement, un parcours. Ensuite parce qu'avec des points de départ différents, des « inspirations » diverses, on saisira chaque fois un aspect différent. Dans l'*Hippias Majeur*, le Beau est défini comme ce qui fait qu'une chose est pleinement ce qu'elle est, il est conçu en terme de convenance ; cherchant ce que signifie « écrire et parler avec beauté », on découvre dans le *Phèdre* la liaison de la Beauté et de la Vérité ; le *Banquet* nous montre le démon Erôs conçu pendant les fêtes données en l'honneur d'Aphrodite : la

Beauté (Aphrodite) se révèle avoir la puissance d'éveiller en l'âme le désir *(erôs)*. Enfin le Beau est mis par le *Philèbe* au rang de l'une des trois manifestations du Bien. Aucune de ces « définitions » n'est contradictoire avec les autres, aucune n'est fausse : la convenance d'une chose avec ce pour quoi elle est faite, la relation du beau et du vrai, du beau et du désir, du beau et du bien, sont autant de « voies » d'accès, de chemins vers la Forme du Beau. Différentes voies d'accès sont possibles parce que le Beau est un étant réel, qu'il est transcendant au discours. Cependant, seul un discours bien (c'est-à-dire dialectiquement) mené peut le saisir dans sa réalité. La dialectique a affaire à des étants « réels », réels d'une existence purement intelligible, qui sont des objets *pour* le discours sans être des objets *de* discours. Seul le discours (le langage et la pensée) peut les saisir, mais il ne les « produit » pas, il ne les « construit » pas, il ne les pose pas « par hypothèse ».

- ***Son usage de l'hypothèse constitue la dialectique comme seule véritable science.***

La pensée dialectique se sert pourtant aussi, pour penser, d'hypothèses ; seulement elle les « détruit » successivement pour arriver au principe. Que signifie cette « destruction » (533 c) ? Elle ne signifie pas que la pensée rejette successivement toutes les hypothèses dont elle est partie ; mais la pensée s'en sert comme de degrés pour monter à un degré supérieur, et ainsi de suite jusqu'au principe (voir VI, 511 b). Toute hypothèse est donc le point de départ vers une « hypothèse supérieure » (cf. *Phédon,* 101 d), jusqu'au moment où l'on atteint un énoncé qui, lui, n'est plus hypothétique, et qui permet en « redescendant » de valider tous les « points d'appui » dont on s'est servi pour arriver jusqu'à lui. Reprenons l'exemple de la Beauté : si, à la question « qu'est-ce que le Beau ? », quelqu'un dans le genre du sophiste Hippias nous répond que c'est un beau tableau, ou que l'or embellit tout, ce ne sera pas une hypothèse mais une opinion, réfutable et facile à réfuter. Mais si on la réfute, cela supposera qu'on admet une différence entre les objets beaux, et le beau que l'on recherche : l'Idée du Beau. On partira donc, pour rejeter l'opinion, d'une hypothèse : celle de la distinction entre la pluralité des choses empiriques et l'unité cherchée (première hypothèse). On supposera ensuite que cette unité, si on la recherche, existe, mais existe d'une certaine manière, en « idée », puisque les choses ne nous offriront jamais que de la multiplicité (deuxième hypothèse). Comme c'est l'unité du Beau qu'on vise, on la posera comme distincte de toutes les autres Idées, mais identique à elle-même et invariable quel que soit celui qui la pense, et quels que soient ses apparaîtres (troisième hypothèse). Le mode d'existence propre de l'unité recherchée appelle alors un mode de penser différent de l'opinion : on affirmera en l'âme une puissance de comprendre irréductible à la sensation comme à l'opinion, une intelligence (quatrième hypothèse). Mais cette dernière hypothèse n'en est plus une : que l'intelligence soit une manière de penser distincte, c'est ce dont, en pensant, elle fait l'expérience. Qu'elle ait parcouru successivement tout ce chemin constitue la preuve même qu'elle était capable de le parcourir donc, de sortir du sensible, du devenir, de l'opinion. On a ainsi atteint une distinction qui n'est plus hypothétique et qui permet de valider toutes les hypothèses précédentes : qu'il y a des Formes, que chaque Forme est une, déterminée, différente et pensable, que le Beau est une telle Forme, et qu'il faut, parce qu'on le peut, en chercher la définition. Le « chemin dialectique » est la seule voie capable d'arriver à un principe parce qu'il « tire l'œil de l'âme » du « barbare bourbier où il était enfoui ». L'œil de l'âme, l'intelligence, ressaisit sa puissance de voir en se détournant du sensible : les moyens de cette « conversion » sont les sciences propédeutiques, mais la « conversion » ne s'opère vraiment qu'au cours de l'exercice dialectique. La seule science qui mérite donc ce nom est la « puissance dialectique ». L'image de la Ligne est alors reprise. Mais si, à la fin du Livre VI, l'état de l'âme correspondant à la dernière section (d) était qualifié d'*intellection (noèsis)*, ici c'est l'ensemble de la seconde partie de la Ligne (toute la partie intelligible) qui correspond à cet état. En effet tout ce qui est de l'ordre du devenir ne peut donner lieu qu'à de l'opinion, alors que ce qui comporte un mode d'être intelligible est objet d'intellection, de pensée. C'est que Platon peut à présent donner à la dernière section son véritable nom : elle est savoir, science *(epistémé)*, et seule science. Ce savoir est aussi assuré de lui-même, aussi évident pour lui-même, que peut l'être la conviction quand il s'agit des objets du devenir. La différence de la dialectique est dès lors définitivement assurée : elle seule est science.

• ***La dialectique est un dialogue.***

On nommera dialecticien « celui qui saisit le *logos* de l'essence de chaque chose », et il aura l'intelligence d'une chose dans l'exacte mesure où il sera capable de s'en donner à lui-même, ou d'en donner à un autre, le *logos*. *Logos* est un terme qui en grec a de multiples significations : il signifie à la fois langage, parole ; raison au sens de faculté de raisonner, et raison au sens de la raison d'une chose, de son fondement ; et aussi proportion, relation ; enfin explication, définition. Que signifie alors pour le dialecticien « prendre » le *logos* d'une chose et être capable de le donner ? Au sens courant de l'expression grecque, cela voudrait dire qu'il doit être capable de « rendre raison », d'expliquer, de donner une définition. Mais le dialecticien en ce cas ne serait au mieux qu'un bon professeur capable d'expliquer ce qu'il a compris, au pire qu'un homme doué pour la discussion, la conversation, un homme capable de donner les raisons qu'il a d'affirmer ce qu'il affirme. La dialectique ne serait alors qu'une méthode d'exposition. On ne verrait vraiment plus, dans ces conditions, pourquoi Platon en fait la science suprême, celle au-dessus de laquelle on ne peut mettre à bon droit aucune autre. Car tout homme de bon sens est capable, dans une discussion, de donner des raisons vraisemblables de ses opinions, d'en rendre compte, de justifier tel ou tel parti. De plus, qui mieux que le mathématicien ou le géomètre est capable de rendre raison, de démontrer ses propositions ? Les sciences mathématiques seraient au suprême degré les sciences capables d'expliciter, de définir, de justifier. Or Platon les disqualifie, se refuse à les constituer comme termes de l'éducation, précisément parce qu'elles sont impuissantes à « donner le *logos* » de leurs hypothèses (533 c). Là encore, et comme il le fait souvent, Platon reprend une expression courante (donner le *logos* de quelque chose : rendre compte, rendre raison) pour lui faire signifier bien plus, et autre chose.

La dialectique est un certain usage du *logos*, du langage. A cet usage toutes les autres pratiques, toutes les autres sciences, sont étrangères : elles sont *alogoi* (comme est *alogos*, incommensurable, irrationnelle, la diagonale du carré par rapport au côté). En quoi consiste cet usage ? A savoir poser des questions et formuler des réponses qui soient parfaitement pleines de savoir (534 d). Mais interroger qui, ou quoi, et répondre comment ? Interroger l'essence, seule capable de répondre ; mais comprendre cette réponse est impossible à celui qui ne s'est pas d'abord interrogé. Une réponse ne répond que si l'on a été capable de formuler une question et d'en voir les implications. Aucune réponse, aussi claire, aussi rigoureuse qu'on le voudra, ne fera sens pour qui ne s'est pas d'abord posé la question. Les vérités les plus profondes peuvent passer pour des évidences ou pour des banalités aux yeux de celui qui les reçoit comme des résultats, sans être passé par le dur travail du questionnement. Prendre et donner le *logos*, interroger et répondre ne sont donc pas des actes séparés, dissociables. Une certaine forme de dialogue, la dialectique, constitue pour Platon la définition de l'acte de penser et non pas la simple transposition « philosophique » de la conversation.

• ***Le dialogue est le mouvement du savoir pour vaincre la résistance de l'opinion.***

Mais si c'est finalement toujours avec soi-même qu'on dialogue, si l'interlocuteur n'est pas celui qui, concrètement, répond, mais celui qui intérieurement résiste et fait obstacle, quelle est la source de ce décalage qui fait que lorsqu'on pense on n'est pas, selon Platon, un, mais deux ? Dans la mesure où celui qui pense n'est pas un intellect pur, séparé, il rencontre en lui-même d'abord des convictions, des certitudes, des opinions, issues de ses besoins, de ses désirs, de ses habitudes, de ses intérêts. La résistance, les objections que Platon prête aux interlocuteurs de Socrate, sont les résistances que tout homme rencontre en lui quand, vivant parmi les vivants, homme parmi les hommes, il prétend néanmoins penser. La pensée est l'activité d'une âme qui est liée à un corps et qui n'est pas simple, qui a de multiples désirs et de multiples manières de désirer. Le désir de penser, que Platon nomme *philosophia*, rencontre les autres désirs comme autant d'obstacles parce que tout désir est à la source d'une opinion, d'un jugement. Une objection, une résistance n'ont de sens que parce qu'elles rencontrent en nous un écho. Ce sont les seules qui méritent d'être réfutées. Les surmonter, c'est se surmonter soi-même, s'apprendre quelque chose, devenir plus libre qu'on ne l'était.

• ***Le dialogue est le mouvement au cours duquel l'intelligence interroge ce qui est vraiment.***

On ne dialogue pas avec les opinions : on trouve en elles la matière de cette réfutation dont Platon fait un des éléments de la dialectique (534 c). Celui qui est capable de réfuter les opinions « entreprend cette réfutation en s'appuyant, non pas sur l'opinion, mais sur ce qui est vraiment ». C'est un intelligible, dans sa Forme propre, qu'il interroge. L'être vrai chez Platon n'est pas massivement un, ce n'est pas l'Être de Parménide, l'Être qui est : c'est une multiplicité d'étants, de Formes déterminées, intelligibles, que le *logos* a pour tâche et pour puissance propres de saisir. Il existe une pluralité d'êtres réels, les Formes, accessibles à la seule pensée. De ces objets de la dialectique, des Formes, Platon dans ce Livre de la *République* ne nous dit que deux choses : qu'elles sont différentes des choses sensibles, qu'elles n'entrent pas dans le devenir ; et que chacune a une essence *(ousia)* propre, que le dialecticien doit être à même de définir en la différenciant de toutes les autres. Penser dialectiquement possède ici ce double sens : penser en dialoguant avec l'intelligible, et non pas en réfléchissant sur les choses sensibles, ou en se contentant d'opposer opinion, même justifiée, à opinion ; et penser une Forme dans sa différence, en la déterminant dans ce qu'elle a de distinct d'avec toutes les autres Formes. La dialectique est donc à la fois un dépassement de la multiplicité sensible, une réfutation non seulement des opinions mais de l'opinion en tant que telle comme mode de penser, et une compréhension de la différence propre de chaque « Idée ». Or l'intelligible ne se donne pas à voir immédiatement, directement, il n'est pas de l'ordre d'une « révélation », d'une « intuition », il ne se laisse saisir que par le *logos*, la pensée qui réfléchit et qui formule. La dialectique est le chemin vers l'intelligible, mais comme l'intelligible est multiple et pluriel (il y a une multiplicité d'intelligibles, et chacun d'eux se livre sous plusieurs aspects), le chemin est à chaque fois différent, et il n'y a pas de recette pour atteindre l'intelligible en général. Tous les détours et les retours, toutes les objections et toutes les « impasses » sont nécessaires pour arriver, péniblement, à cerner une Forme quelle qu'elle soit. La définition n'est pas un énoncé final du type « le Bien est ce qui ne manque de rien » ou « le Juste est l'harmonie entre les trois parties de l'âme et les trois classes de l'État ». Elle est l'ensemble du parcours, car une Forme ne peut, comme c'est le cas du triangle pour le géomètre ou de l'unité pour le calculateur, trouver son équivalent dans un énoncé, mais elle a à être, laborieusement, pensée.

Des trois aspects de la dialectique tels que nous pouvons les rencontrer dans l'ensemble des Dialogues (voir p. 106), Platon, au terme de ce Livre VII, n'en accentue qu'un seul : la dialectique est un bon usage du langage, un savoir interroger et répondre. Les deux autres aspects sont cependant présents, d'abord dans le choix des sciences préparatoires qui sont (nous l'avons vu pour l'arithmétique) le premier moment de la dialectique du multiple et de l'un. Ensuite dans l'affirmation que celui qui est capable de définir l'Idée du Bien doit « la distinguer de toutes les autres » (534 b). Il doit pouvoir saisir la différence précise qu'une Forme entretient avec toutes les autres, pouvoir identifier la Forme qu'il recherche. Il reste que, explicitement, Platon ne retient ici comme signe du savoir, comme marque de la capacité dialectique, que l'aptitude du dialecticien à « donner le *logos* » de l'essence qu'il comprend.

CONCLUSION

Les précautions nécessaires
(535 a-541 b)

Il faut choisir **les naturels** capables d'être ainsi éduqués (535 a-536 d) :

— rappel du premier critère : l'énergie, la douceur,

— rappel des qualités et des vertus du naturel philosophe,

— sinon : on couvrira la philosophie d'un ridicule encore plus grand.

Les tris successifs (536 d-537 e).

Le risque : l'ivresse dialectique (537 e-540 d) et son remède : l'expérience.

Le modèle de l'État juste et de l'homme qui lui ressemble est achevé. Sa réalisation est difficile, mais non pas impossible (540 d-541 b).

- ***A qui convient-il de donner un tel enseignement ? Pourquoi la question est-elle reposée ?***

On tient désormais le terme et le but (c'est le double sens du mot « *telos* ») des sciences à enseigner. « A qui ferons-nous part de ces sciences, et de quelle façon ? » (535 a). La question est curieuse : en effet (depuis la fin du Livre V et dans la plus grande partie du Livre VI), Platon a commencé par définir le naturel philosophe, par rechercher ensuite comment il convenait de l'éduquer. Tout son programme d'éducation intellectuelle semblait dont être destiné à ce naturel. La réponse semblant évidente, la question paraît inutile : on fera part de ces sciences à ceux qu'on a définis précisément comme des natures capables de philosopher droitement, de faire un bon usage de la dialectique. Platon a cependant plusieurs raisons de reposer la question : la première est que la dialectique n'est pas une méthode à enseigner à n'importe qui ; la seconde, que « philosophe » est un terme ambigu, encore mal fixé, dont il a renouvelé la signification et à propos duquel il importe d'éviter tout malentendu ; la troisième, c'est qu'il ne faut pas oublier qu'il s'agit de justifier le dernier paradoxe, celui des philosophes gouvernants.

La dialectique est une puissance qui peut être dangereuse, et elle ne vaut que ce que vaut celui qui la pratique. La dialectique doit être réservée au philosophe, et seul le philosophe est vraiment dialecticien. Car en lui l'interrogation est désir de comprendre, et le désir prend chez lui la forme de l'interrogation. C'est la *philosophia*, le désir de penser, qui anime le philosophe et l'empêche de devenir un « disputeur » enivré de sa propre virtuosité logique. Le philosophe est essentiellement celui qui sait ce qu'il dit : il ne met pas en rapport n'importe quoi avec n'importe quoi, il ne joue pas sur les mots, les étymologies, les assimilations et les distinctions purement verbales. Lorsque Socrate, par exemple, se demande s'il faut conformément à l'usage nommer « sciences » les cinq disciplines propédeutiques, ou leur donner un autre nom « signifiant plus de clarté que celui d'opinion, mais plus d'obscurité que celui de science», il lui semble qu'il n'y a pas « lieu d'entamer une controverse sur le nom quand on a à examiner des questions de l'importance de celles qui se posent à nous » (533 d-e). A la fin du *Cratyle*, Platon affirme déjà que, pour connaître, ce n'est pas du mot qu'il faut partir, mais de la « chose même », de l'essence intelligible. Car si c'est des mots que l'on part, on risque de prendre le mauvais chemin. Si l'on recherche, comme Platon le fait ici, le savoir dans son essence, la science par excellence, on est tenté de partir de ce que tous nomment « sciences » (arithmétique ou géométrie...). Mais l'examen a montré que ces « savoirs » étaient encore mêlés d'obscurité, d'images et d'hypothèses. Pour découvrir en quoi consiste un véritable savoir, il convient donc d'introduire de tout autres notions, de tout autres opérations : la remontée au principe, la saisie d'une unité, la compréhension d'une différence. La science n'est pas recherchée dans ses reflets déformés, les techniques (les « sciences »), mais dans son essence, qui est d'être une activité précise comportant des pratiques déterminées et impliquant un certain usage du langage. En dialecticien philosophe, Platon réfléchit ici sur la science en introduisant les termes qui lui conviennent en propre, après avoir écarté ceux qui seraient impropres à la déterminer. Ce n'est pas dans les sciences fournies par l'expérience, et dénommées « sciences » par tous, qu'il faut rechercher le savoir. Ce n'est pas non plus dans un simple énoncé du type « savoir, c'est être certain » : car une telle définition pourrait convenir à plusieurs modes de connaissance (à la conviction, à la raison), elle ne saisirait pas la différence propre de la science. Le langage est le lieu où le savoir s'exerce, un certain langage est l'expression et le signe du savoir. Ce langage tout à la fois ressemble au savoir (il est « rempli de savoir ») et ne lui est pas identique : il est autre tout en étant proche et parent, il est *son* autre. L'intelligence de la bonne image, de l'autre réalité apte à faire découvrir la réalité en question est une des qualités du naturel philosophe : c'est l'aptitude à se laisser conduire par ce qu'on cherche, la « grâce ». Cette grâce consiste à discerner les « autres » qu'il faut écarter, à découvrir l'autre qui convient. Sans cette qualité « naturelle », impossible à acquérir, la dialectique ne sera qu'un art de disputer. Il faut donc réserver l'enseignement de la dialectique aux naturels philosophes.

Cependant, après tous les développements précédents, cela semblait aller de soi. Pourquoi Platon éprouve-t-il alors le besoin, non seulement de reposer la question, mais de développer sa réponse en multipliant les exigences, les précautions, en accumulant les restrictions ? Tout d'abord parce que le terme de « naturel philosophe» est un terme équivoque. Platon lui-même, dans les cinq premiers Livres de sa *République*, continue à donner à « philosophe » le sens qu'on lui donnait à son époque, celui de « désireux d'apprendre », « curieux de connaître ». C'est seulement dans les dernières pages du Livre V qu'il écarte ce sens courant, car il pourrait désigner aussi bien tous les « amateurs de spectacles », les amis de toutes les connaissances, ceux qui auraient des « lumières », des opinions sur toutes choses : les « philodoxes ». Au Livre VI, Platon s'empare alors du terme pour lui faire signifier ce que personne avant lui ne lui avait encore fait signifier : le philosophe est amoureux de la réalité de chaque étant. S'il a donc bien l'intention de réserver le programme complet d'éducation aux naturels « philosophes », encore lui faut-il préciser clairement ce terme et rappeler ce qu'il entend par là. De plus il ne s'agit pas, à ce moment de la *République*, de former des philosophes, mais des philosophes gouvernants. Dans les deux Livres qui vont suivre ce Livre VII, Platon va faire correspondre à chaque forme de constitution politique un type d'homme incarnant toutes les vertus et tous les vices de cette constitution. L'âme de cet homme présentera le même équilibre, la même économie entre ses trois parties, que l'État entre ses trois classes, Or le type d'homme qui correspond à l'État idéal, juste, ce n'est pas le philosophe, c'est le gouvernant. Le gouvernant doit être authentiquement philosophe, mais il ne doit pas être que cela. Socrate va alors rappeler tous les critères qui permettent, par des éliminations successives, de sélectionner de tels hommes.

• ***Rappel des exigences précédentes : le choix de natures équilibrées et authentiquement philosophes.***

Il leur faut d'abord de la fermeté, du courage et si possible une « belle allure ». Dans le Livre III (412 *sqq.*) ces critères présidaient au choix des gardiens qui devaient harmoniser un courage sans férocité avec une douceur ferme et sans mollesse, un désir de culture qui ne les rende pas incapables d'être aussi des guerriers. Fermeté et courage renvoient donc à cette première sélection qui triait des natures capables de réunir des qualités contraires. On les éduque à l'aide de la gymnastique et de la musique, et on les met à l'épreuve de toutes les manières possibles. Mais à leur fermeté, à leur courage, et pourquoi pas à leur beauté, les gardiens doivent joindre, pour être dignes d'une éducation complète, la facilité à apprendre, la mémoire, la haine de la fausseté, la grandeur et toutes les autres parties de la vertu, et surtout l'amour de l'effort physique et intellectuel. On a ici un résumé de l'énumération plus complète des caractéristiques du « naturel philosophe » (voir le Livre VI). La fin du Livre VII définit moins ces qualités qu'elle n'insiste sur ce qu'auraient risqué de faire oublier les développements précédents : la partie « énergique » et la partie « philosophique » de l'âme doivent se développer également et se compléter. La tâche étant exceptionnellement difficile, elle requiert des hommes exceptionnels, capables de deux sortes d'effort. Ceux qui n'ont pas également le goût de l'effort physique et du travail intellectuel sont des « bâtards » et des « boiteux ». Des boiteux parce qu'ils n'auront développé qu'une partie de leurs capacités, n'auront entrevu qu'un aspect de la vérité. On peut en effet être énergique, sain de corps et loyal, incapable de mentir ou de tromper, et pourtant admettre en soi-même la pire des paresses et la pire des tromperies : celle qui consiste à *se* tromper, à se vautrer dans l'ignorance, cette « fausseté involontaire ». L'exigence d'équilibre est donc première, elle consiste à développer deux tendances habituellement incompatibles. Ces deux tendances sont des tendances de l'âme, car l'effort dit « physique » requiert en fait certaines qualités de l'âme : l'énergie, la persévérance, une certaine sorte de tempérance et de courage. Mais cela ne suffit pas, il faut y joindre toutes les qualités et les vertus naturelles au philosophe. Si la « boiterie » est une image qui renvoie à la notion d'équilibre, la

« bâtardise » renvoie à un tout autre critère, à l'exigence d'authenticité. Le bâtard est celui qui n'est pas d'une lignée droite, dont la parenté est usurpée, et qui prétend occuper la place de celui qui est « bien né ». De quelle parenté s'agit-il ici ? Lors de la définition du naturel philosophe, Platon nous dit que le philosophe est « ami et parent de la vérité » (478 a), que c'est la vérité « qui mène le chœur » de toutes ses qualités. L'orientation du désir d'apprendre vers la vérité de chaque essence est le signe auquel se reconnaît l'authentique philosophe, la marque de la lignée droite. La vérité ne se confond pas avec la sincérité, avec la simple volonté de ne pas mentir ou tromper autrui. Elle n'est pas davantage la propriété d'un discours rigoureux (au sens où une démonstration mathématique est « vraie »). Selon l'image du « rejeton du Bien », la vérité, analogue de la lumière, n'est pas plus une qualité du sujet de la connaissance qu'une propriété de l'objet connu. Comme la lumière, qu'on ne voit pas mais qui fait voir, on ne la connaît pas, mais elle est l'élément de la connaissance. On ne connaît pas « la vérité », mais on connaît « vraiment » quelque chose qui existe « en vérité ». C'est-à-dire qu'on connaît par l'intelligence (et non pas par opinion) un être qui est (qui ne devient ni ne change, ne naît ni ne périt). La vérité est un lien qui apparente, qui oriente l'intelligence vers ce qui lui convient : une réalité qui soit intelligible. Le philosophe découvre et manifeste dans son discours cette parenté de l'intelligence et de l'être. La vérité ne peut, chez Platon, se penser qu'en termes de parenté, de lien, de convenance : ce n'est ni un objet à « attraper » ni la simple qualité d'un discours bien fait. C'est pourquoi le naturel philosophe, celui qui est animé par un « terrible amour » pour cette vérité, est pensé par Platon comme un être « bien né », de « lignée authentique », comme le contraire d'un sophiste et d'un usurpateur.

• ***Qualités et vertus du naturel philosophe.***

De sa parenté avec la vérité découlent toutes les « qualités » et toutes les « vertus » du naturel philosophe. Ses qualités, ce sont la facilité à apprendre et la mémoire. Elles sont liées (voir VI, 486 c), car comment s'attendre à ce qu'un homme ait du goût pour une étude qui le fait souffrir, où il avance péniblement sans rien retenir de ce qu'il a appris ? La mémoire garantit qu'on ne prendra pas en haine l'étude en raison de l'inutilité de l'effort. Et elle est aussi ce qui accroîtra la facilité à apprendre. Mais il faut comprendre que facilité à apprendre et mémoire sont prises au double sens : quand il s'agit d'acquérir des connaissances, en géométrie ou en astronomie par exemple, on entend par là une faculté de comprendre rapidement, de retenir ce que l'on vous enseigne, et que d'autres ont découvert. Mais quand on arrive au terme de l'éducation, à la dialectique, il s'agira de bien autre chose. On ne pourra plus alors se dispenser de faire l'effort de penser par soi-même et de découvrir ce qui n'avait pas encore été pensé. Que peut signifier alors « facilité à apprendre » quand il s'agit de penser difficilement, et « mémoire » quand c'est de soi-même qu'il faudra tout tirer ? Ce ne sera certainement plus une mémoire des résultats, des conclusions, mais la mémoire du fait même qu'on a déjà fait l'effort de penser. Si l'on a pu une fois trouver quelque chose de vrai, alors on peut trouver à nouveau. Grâce à cette mémoire-là il devient de plus en plus facile d'apprendre : de chercher, et de voir où se tourner pour découvrir ce qu'on cherche. Cette sorte de mémoire ne nous rend pas plus savant, mais elle nous rend plus inventif.

La facilité à apprendre et la bonne mémoire sont des signes qu'un naturel est bien doué pour la recherche. On ne peut acquérir ces qualités, elles sont le fait d'une nature. La nature est la limite de l'éducation, l'éducation n'est pas toute-puissante. Il en va de même en ce qui concerne les « vertus ». En ce cas néanmoins, l'éducation peut « redresser » la nature, et imposer de l'extérieur une certaine tempérance, un certain courage, une certaine justice. Une certaine tempérance consiste à calculer, à ne pas céder aux plaisirs parce qu'ils risquent d'engendrer des douleurs ; c'est une sage économie, un combat perpétuel contre ce que l'on continue à désirer mais que, par prudence et désir de rester en bonne santé, on se refuse. Une telle tempérance est une tempérance « par opinion droite », une tempérance commune. Ce n'est pas cette tempérance-là qui est requise du « philosophe ». De même, le courage qui consiste à échanger une peur contre une peur (la peur de mourir, par exemple, contre la peur de paraître lâche), et la justice qui consiste à conformer ses actes à des règles, à des principes, ne sont pas des vertus de philosophe. Dans le *Phédon* (68 d), Socrate dit : « c'est par peur qu'ils sont courageux, tous, hormis les philosophes », et c'est aussi par intempérance, pour continuer à avoir de petits plaisirs, que tous sont tempérants, et par injustice, par crainte du châtiment et des sanctions, qu'ils sont justes. Des « vertueux » au sens de l'opinion droite, qui ont à calculer et à se contraindre pour être justes, tempérants, courageux, il en faut sans doute dans la cité. Mais ces vertus ne sont pas des vertus « naturelles », elles sont dépourvues d'intelligence et de grandeur. La « grandeur » signifie le changement de perspective, la conversion du regard, la sortie de la Caverne qui permet au philosophe de « voir de haut », de ne plus faire de la vie et de la mort, de la gloire et de la richesse, la mesure de tout sérieux, de toute valeur. La grandeur « appartient à la pensée » (VI, 486 a) ; c'est parce qu'elle est une dimension naturelle de la pensée que les « vertus » en découlent : la tempérance d'abord, qui signifie alors un désir si violent de la vérité que ce désir affaiblit tous les autres, et rend tous les autres plaisirs ridicules. La grandeur engendre aussi le courage puisque, ne craignant ni la mort, dont il ne sait pas si elle est un mal ou un bien, ni l'opinion des hommes, le philosophe a pris la juste mesure de ce qui passe pour être des objets de crainte. C'est avec grandeur enfin que le philosophe est juste puisque, haïssant la fausseté ou l'ignorance, et non pas les hommes, c'est à elles qu'il fait la guerre et non à eux. Les « vertus » sont donc simplement la conséquence du plaisir que le philosophe prend à penser, — dans le cas de la tempérance, — et de la hauteur, de la liberté que confère la pensée, — dans le cas du courage et de la justice. Ce sont les vertus d'une intelligence qui désire ce qui lui convient, mesure les vrais risques, discerne les vraies injustices.

Le « bâtard » en revanche ne possède ni les qualités ni les vertus de la partie supérieure de l'âme, mais il en a les apparences, il en offre la contrefaçon. Faute de discerner les bien nés des mal doués, non seulement on ne pourra maintenir la constitution de l'État juste, mais on « couvrira la philosophie d'un ridicule encore plus grand » (536 b). Socrate s'interrompt alors ; « oubliant que tout ceci n'est qu'un jeu », il a parlé avec trop de véhémence, trop de sérieux, il s'est lui-même couvert de ridicule. La raison en est sa colère devant l'injuste calomnie contre la philosophie. Dans un passage du Livre VI (495 c), on trouvait déjà la métaphore de la parenté légitime, de la connaturalité, de la noblesse authentique, et celle de l'étranger servile, du bâtard, de l'usurpateur, du prétendant sans titre. Mais qui peut déceler le bon prétendant de l'usurpateur, le bien du mal doué ? À l'évidence, seul un philosophe peut reconnaître un autre philosophe. Incapable d'une telle reconnaissance, la foule continuera à prendre pour « philosophes » ceux qui se nomment tels : les usurpateurs, les sophistes. On comprend alors le luxe de précautions sur lequel s'achève ce Livre VII : non seulement Platon y accumule les qualités requises pour les philosophes-gouvernants, mais il ajoute des précisions de temps, étalant sur trente-cinq années l'éducation complète.

• ***Les étapes de la sélection.***

On enseignera les sciences mathématiques aux enfants dès leur plus jeune âge, mais sans les contraindre, et en les leur présentant comme un jeu. Comme il s'agit de déceler des dispositions naturelles, le jeu est l'activité la plus apte à mettre en évidence le genre de plaisir que l'enfant est capable de prendre, le goût qu'il peut montrer pour les opérations abstraites. (voir *Lois* VII, 819 b). Pour « mettre à part » ceux qui seront capables de se divertir en étudiant, il faut d'abord enseigner en divertissant. La liaison du « jeu » *(paidia)* et du sérieux *(spoudè)* est chez Platon essentielle ; il y a du plaisir à apprendre, à comprendre, et la pensée, la philosophie, est un « divertissement splendide » (*Phèdre*, 276 e), un « jeu » qui exige un effort mais qui procure un plaisir proportionné à l'intensité de cet effort. En même temps que l'on développera l'âme par des rudiments de « mathématiques », on développera le corps des enfants par la gymnastique et on les mènera même sur le champ de bataille tout en assurant leur sécurité afin que, futurs gardiens, « ils aient le spectacle du métier qu'ils auront à faire une fois grands » (V, 467 a-e). Entre la dix-huitième et la vingtième année ils se consacreront uniquement aux exercices corporels, puis on effectuera un premier tri. Ceux qui auront été choisis étudieront pendant une dizaine d'années les sciences préparatoires, non plus pêle-mêle comme dans leur enfance, mais systématiquement, afin que l'on puisse distinguer ceux qui sont capables d'une vue d'ensemble ; cette « capacité synoptique » sera le critère d'une seconde sélection effectuée vers la trentième année. A ce moment, et à ce moment seulement, on enseignera la dialectique au petit nombre de ceux qui s'y sont révélés aptes. Les exigences concernant la nature de ceux qui méritent une éducation menée jusqu'à son terme se redoublent d'exigences concernant l'âge auquel il convient d'aborder ces études. On saisit enfin ici l'unité des différentes raisons qu'a Platon de ne dispenser son éducation qu'au terme d'une sélection longue et sévère : la dialectique est une arme dangereuse ; mal utilisée, elle est à la source de la calomnie contre la philosophie, et cette méconnaissance de la philosophie véritable est ce qui écarte à tout jamais les philosophes d'un pouvoir réel dans les cités. On peut s'initier aux mathématiques dès l'enfance, on peut et on doit acquérir une culture générale, faire de la gymnastique et même affronter le spectacle de la guerre. La dialectique, elle, non seulement doit être réservée à ceux qui sont capables de bien l'utiliser, mais même les naturels bien doués ne doivent pas l'aborder trop jeunes. Des esprits manquant encore de fermeté ne sont sensibles qu'à l'aspect critique de la discussion dialectique : ils voient bien en quoi les opinions traditionnelles ne sont que des opinions manquant de fondement et de justification véritables, n'ayant d'autorité que celle que leur confère l'habitude. Ils n'en sont alors que plus tentés de suivre les faux philosophes, les sophistes, qui les « flattent » en leur démontrant que ni la vérité, ni la beauté, ni aucune valeur, n'a de réalité « en soi », que ce ne sont que des conventions auxquelles les plus forts et les plus intelligents n'ont nul besoin de se soumettre. En l'absence de la vérité, de toute réalité vraie, c'est celui dont les désirs sont les plus forts qui a droit à la plus grande puissance, et c'est la pratique de l'injustice, accompagnée des apparences de la justice, qui est la plus avantageuse. Calliclès dans le *Gorgias*, Thrasymaque dans le Livre I de la *République*, sont l'exemple même de ces jeunes gens bien doués, intelligents, énergiques, de ces « naturels philosophes » que les « usurpateurs », les sophistes, ont pervertis. Ils sont « tout à fait dignes d'excuse », aucun jeune homme, si bien doué soit-il, ne peut résister à la séduction d'une telle argumentation. Socrate s'est sauvé grâce à son « démon », et Platon grâce à Socrate : de tels miracles ne sont pas fréquents. On ne prendra jamais assez de précautions pour éviter la perversion des naturels philosophes. Car avec eux disparaît la seule possibilité de sauver la philosophie, de la distinguer de sa contrefaçon la plus intime, de son image la plus « vraisemblable » : la sophistique. La sophistique n'est finalement que la dialectique utilisée pour triompher, pour gagner, pour justifier les pires appétits, pour légitimer la pire des injustices. On peut faire un autre usage de la dialectique : s'en servir pour penser, et éprouver du plaisir à penser. Telle est l'apologie de la philosophie que nous présente Platon dans ce Livre VII.

- ***La* République, *dans ses Livres centraux, est une apologie de la philosophie.***

Toutes les exigences accumulées à la fin du Livre VII tendent donc à défendre la philosophie, la philosophie authentique. La philosophie n'est pas ce que l'on choisit faute de mieux, elle n'est pas un refuge pour les mal doués. Rien en elle n'appelle la faiblesse du corps, la mauvaise qualité de l'âme, la servilité, la bassesse. Elle exige ses vertus propres, qu'elle engendre d'ailleurs autant qu'elle les exige, mais elle n'est en rien exclusive des autres qualités : la santé, l'« allure », l'énergie, l'endurance. En ce qu'elle détermine complètement une nature, un type d'homme, et pas seulement une activité intellectuelle, Platon peut revendiquer pour de tels hommes le pouvoir. C'est que « philosophie » a chez lui un sens plus complet que ce que l'on a par la suite entendu sous ce mot. Elle désigne d'abord un désir, le désir propre à l'intelligence, qui possède chez certains plus d'intensité que tous les autres désirs. Elle est aussi une formation : « la conversion de l'âme de je ne sais quel jour nocturne vers le vrai jour, qui est montée vers l'être, c'est ce que nous affirmerons être la vraie philosophie » ; la vraie philosophie est tout autre chose qu'un programme, elle est la véritable éducation, la révélation d'une nature et son orientation. Elle est enfin l'exercice auquel conduit cette éducation, l'activité d'une pensée qui recherche dialectiquement chaque essence. Si les philosophes doivent gouverner ou les gouvernants devenir philosophes, ce n'est donc pas parce qu'ils en savent plus que les autres ou qu'ils sont, dans l'absolu, plus « doués ». Ils ne sont doués que pour une seule occupation : penser, et ils ne savent qu'une seule chose : définir, discerner. Le philosophe n'est pas celui qui sait, il est celui qui désire savoir et qui s'est donné les moyens de trouver ce qu'il cherchait en s'éduquant convenablement. S'il ne trouve pas, il sait au moins qu'il ignore, il ne croit pas savoir, il ne tyrannise ni les autres ni lui-même au nom de ses opinions, de ses appétits, de son ambition. En cela réside sa justice, qui est intelligence, et la justice de l'État qu'il gouverne, d'un État où l'intelligence a enfin droit à son rang. L'ensemble des deux Livres centraux de la *République* a pour fin de montrer l'existence d'une force : le désir de comprendre (la *philosophia*) ; d'éduquer cette force « naturelle » en l'orientant ; de lui conférer au terme de cette éducation ses objets propres, les Formes, et de définir la dialectique comme le seul chemin capable d'y mener ; enfin de réserver aux seuls dialecticiens philosophes le pouvoir dans l'État. A cette condition l'État juste sera non seulement possible, mais réel. Car la réalité d'une différence est, selon Platon, le seul fondement d'une autorité quelle qu'elle soit. On ne prend pas des bœufs pour gouverner des bœufs ; le pouvoir ne se justifie qu'à la condition qu'il existe une différence de « nature » entre gouvernants et gouvernés. Quand il s'agit des hommes, cette différence consiste en une différence dans la manière de désirer et dans l'orientation du désir. C'est parce que cette puissance de désirer qu'est l'intelligence gouverne le philosophe, qu'il a autorité pour gouverner les autres hommes. Le philosophe est un « homme divin », un homme qui réalise la différence propre de l'homme : sa « divinité » légitime son autorité. Parce qu'il a commencé par obéir, par se soumettre aux différences intelligibles, parce qu'il ne peut pas faire que la réalité vraie ne soit pas ce qu'elle est, le philosophe peut gouverner sans être un tyran. A travers lui c'est l'intelligence qui gouverne, l'intelligence qui devient principe : il représente donc le seul moyen qu'ait le monde des hommes, ce monde livré aux appétits et aux passions, d'acquérir un peu d'ordre. Soumettre la cité au gouvernement des philosophes représente pour Platon la seule possibilité de lui conférer ordre, proportion, mesure, justice, bien loin de la soumettre à la tyrannie de quelques-uns. Il y voit le seul moyen de la soustraire à la tyrannie de l'économie et aux conflits des appétits de pouvoir. Le philosophe ne gouverne pas parce qu'il sait, il doit gouverner parce qu'il est lui-même gouverné. Il symbolise une différence injustifiable, indémontrable, et même incommunicable : celle qui consiste à désirer penser, à préférer penser et à y prendre plaisir, un plaisir tel qu'on y reconnaisse la seule chose qui vaille. Ce désir, cette préférence, cette valeur à ce point différents qu'ils sont communément méconnus, ne sont pas le luxe de quelques-uns, ils sont utiles, ils sont même la seule chose utile. La pensée, capable de comprendre et de définir le bon, le juste et l'utile, est elle-même bonne, juste et utile. Un autre philosophe, Spinoza, écrira bien des siècles plus tard (*Éthique*, IV, proposition 27) : « nous ne savons avec certitude rien qui soit bon, sinon ce qui conduit réellement à comprendre. »

Biographie de Platon

— Naît probablement vers 428/427 av. J.-C., à Athènes (ou à Egine).
— Vers 407 (à l'âge de 20 ans), Platon rencontre Socrate (âgé alors de 63 ans) dont il devient l'élève.
— 399. Procès et condamnation à mort de Socrate. Platon (28 ans) quitte Athènes et voyage ; à Mégare, en Afrique, en Égypte, en Cyrénaïque (peut-être en Italie, selon certains).
— Vers 396/395, Platon rentre à Athènes et commence à écrire les premiers textes que nous avons de lui. Probablement : *L'Apologie,* l'*Euthyphron*, le *Criton, L'Hippias Mineur, L'Hippias Majeur,* le *Charmide,* le *Lachès,* le *Lysis*, le *Protagoras,* et le *Gorgias.*
— En 388 environ, Platon (qui a à peu près 40 ans) se rend en Sicile où il gagne l'admiration et l'amitié de Dion, jeune beau-frère de Denys l'Ancien, tyran de l'île. Denys le renvoie au bout de quelques temps. Il est vendu comme esclave à Egine, mais racheté par Annicéris, Grec cultivé qui le reconnaît.
— En 387, Platon rentre à Athènes où il fonde l'Académie. Il écrit probablement alors, le *Ménéxène,* l'*Euthydème,* le *Cratyle,* le *Ménon,* le *Banquet,* le *Phédon,* le *Phèdre* et commence la *République.*
— En 367 Denys l'Ancien étant mort, son fils Denys II qui lui succède invite Platon (qui a environ 60 ans) en Sicile. Mais Denys II exile bientôt Dion, et garde Platon en résidence surveillée avant de lui permettre de repartir à Athènes. Platon écrit alors probablement le *Parménide,* le *Théètète,* le *Sophiste,* le *Politique* et le *Philèbe.*
— En 361, Platon est invité à nouveau par Denys. Une nouvelle fois Platon se retrouve, au bout de quelque temps, en résidence surveillée et n'est relâché que grâce à des interventions extérieures.
— De 360 jusqu'à sa mort en 347 (à 80 ans environ), Platon reste à Athènes, en dirigeant l'Académie. C'est de cette époque que datent sans doute le *Timée,* le *Critias,* les *Lois.*

Bibliographie

M. Alexandre, *Lecture de Platon*, Bordas, Paris, 1961.
A. Diès, *Autour de Platon*, Belles-Lettres, Paris, 1972, L. IV, chap. 2 : « L'idée de la science dans Platon ».
M. Dixsaut, *Le Naturel Philosophe*, Belles-Lettres et Vrin, Paris, 1985.
V. Goldschmidt, *Les Dialogues de Platon, Structure et méthode dialectiques*, P.U.F., Paris, 2e éd. 1963.
« Le paradigme dans la théorie platonicienne de l'action » ; « La ligne de la *République* et la classification des sciences », dans *Questions platoniciennes*, Vrin, Paris, 1970.
Platonisme et pensée contemporaine, Aubier-Montaigne, Paris, 1970.
M. Heidegger, « La doctrine de Platon sur la vérité », dans *Questions II*, Gallimard, Paris, 1968.
H. Joly, *Le Renversement platonicien, Epistèmè, Logos, Polis* (Paris, Vrin, 1974), en particulier la quatrième partie : « Polis et Nomos ».
J. Moreau, *Le sens du platonisme*, Belles-Lettres, Paris, 1967.
L. Robin, *Platon*, Vrin, Paris, 2e éd. 1968.
La pensée grecque et les origines de l'esprit scientifique, Albin Michel, Paris, 2e éd. 1963.
G. Rodier, *Études de philosophie grecque*, Vrin, Paris, 2e éd. 1957.
A. Szabo, *Les débuts des mathématiques grecques*, Vrin, Paris, 1977.
H.-I. Marrou, *Histoire de l'éducation dans l'Antiquité*, Seuil, Paris, 1948.

INDEX

Imprimerie Jean-Lamour, 54320 Maxéville
Dépôt légal : septembre 1995 - Dépôt légal 1re édition : juin 1986
Imprimé en France